읽는 여행, 스위스

feat. 니체, 바그너, 실러, 헤세

안인희
지음

읽는 여행, 스위스
feat. 니체, 바그너, 실러, 헤세

차례

들어가는 말 　　　　　　　　　　　　　　　008

제1부　고독한 산책자 니체

제1장　젊은 날의 니체 　　　　　　　　　020

제2장　'쪽빛 고독' 속에 홀로 선 작품 　　078
《차라투스트라는 이렇게 말했다》

제2부　성공의 길, 유혹자 바그너

제1장　소년들을 유혹하다 　　　　　　　128

제2장　여인들을 유혹하다, 　　　　　　　168
바그너의 영원한 삼각형

제3부 프리드리히 실러와 스위스 민주주의

제1장 《빌헬름 텔》, 스위스 독립 이야기	202
제2장 프리드리히 실러	240
제3장 옛날 스위스 용병들의 길	274

제4부 생의 한가운데서, 좌절을 딛고 일어서는 헤세

제1장 두 번의 위기, 두 번의 도주	290
제2장 《클링조어의 마지막 여름》	318
제3장 산 살바토레산의 푸니쿨라와 몬타뇰라 걷기	338

| 참고 문헌 | 346 |
| 찾아보기 | 348 |

이안, 지아, 윤아,
나의 보배들에게

들어가는 말

나 자신에게 주는 선물

이 책은 스위스 여행을 안내하는 가이드북이 아니다. 다만 이미 스위스를 여행 중이거나 앞으로 그럴 계획을 지닌 사람이 읽는다면 여러모로 도움이 될 수는 있다. 또한 여행지에서 무언가 의미를 찾는 사람에게도 도움이 될 수 있다.

19세기 유럽 문화에서 일급의 주요 인물인 작곡가 바그너와 철학자 니체의 긴밀한 교유는 주로 스위스를 무대로 이루어졌다. 대학 시절 나는 니체의 글을 원서로 읽은 적이 있어서 오랫동안 그의 문체를 특히 좋아했다. 《게르만 신화 바그너 히틀러》(2003)에서 이미 니체와 바그너의 관계를 탐색한 바 있었지만, 특히 니체의 작품을 정확하게 이해하기 위해서는 바그너라는 이 예술가가 그에게 미친 영향을 더욱 정교하게 알아야 할 필요가 있음을 오랫동안 느끼고 있었다.

니체의 흔적이 상대적으로 뚜렷한 스위스를 여행할 마음은 늘 있었으나, 오랫동안 실천하지 못했다. 비싼 경비가 부담스러운데 거기서 구체적으로 할 일이 얼른 보이지 않아서, 자주 유럽 여행을 하면서도 늘 스위스를 피해 다녔다. 그러다가 2023년 초에 나 자신에게 큰 선물을 주기로 결심하고 스위스와 이탈리아로의 무작정 여행을 계획했다. 예전에 아직 물가가 싸던 시절 르네상스를 공부하러 이탈리아를 여러 번이나 부지런히 돌아다녔지만, 여전히 가보고 싶은 곳이 꽤 많다.

어쨌든 별 구상도 특별한 계획도 없이 한 달 동안 놀며 쉬고 먹으러 간다는 생각으로 여행을 궁리하면서, 니체의 자취를 거칠게 따라가기로 정했다. 스위스 패스의 유효기간에 맞추어 스위스에 15일을 배당하고, 나머지는 토리노, 제노바, 소렌토를 돌아다니고, 독일의 바이마르에서 마지막 일정을 마치기로 했고, 실제로 그렇게 했다.

이어서 2024년에 열한 살짜리 손자를 데리고 한 번 더 2주 동안 스위스를 여행했다. 거의 같은 길을 되짚어 다녔다. 먹을 것이나 밝히는, 그래도 몹시 사랑스럽고 씩씩한 어린 녀석과 함께 여행하는 맛이 썩 좋았다. 스위스에는 어린이 우대 정책이 있어서 나만 패스를 사고 몇 가지 서류를 갖추면, 아이는 패스 없이도 거의 모든 교통수단과 박물관에 입장할 수 있었다. 둘이 실컷 먹고 자면서 한가하게 돌아다녔더니, 출발 전에 나와 키가 비슷하던 녀석은 여행 중에 내 키를 넘어 자라버렸다.

여정

당연히 유명한 마터호른과 융프라우를 구경했다. 그리고 첫해에 스위스를 가로지르며 중앙부에 자리 잡은 루체른을 오가다가 원래 계획에 들어 있지 않던 실러를 거기서 발견했다. 루체른 호수와 《빌헬름 텔》. 프리드리히 실러는 내가 절대로 내려놓지 못하는 작가다. 우선 석박사 논문의 주제였고, 짧고 고단한 삶, 그럼에도 한 번도 괴로운 현실에 굴복하지 않고 굳건히 자신의 사유를 지키고 탐색한 사람이니 그 강렬한 정신의 힘을 내 기억에서 몰아낼 수가 없다.

《빌헬름 텔》은 1988년에 이미 내가 번역해서 낸 바 있지만, 당시 그 내용을 완전히 이해하기란 쉽지 않았고, 그러다가 이 번역서를 거의 잊고 지냈다. 여행하면서 사건의 현장을 직접 바라보니 모든 것이 아주 분명해졌다. 이번에 이 작품을 새로 손질해서 내놓는다. 《빌헬름 텔》은 스위스 초기의 역사와 이 나라의 특성을 매우 선명하게 보여주는 작품이다(그러면 우리 책에서 다루지 못한 스위스 역사의 중요 내용은 주로 16세기에 이루어진 종교개혁 부분이다. 제네바, 베른, 바젤, 취리히 등이 모두 종교개혁의 도시들이다. 이는 순수하게 스위스의 역사고, 또한 이 나라의 특성을 보여주는 가장 중요한 요소 중 하나지만 이 책의 기획에는 맞지 않아 제외했다).

그리고 여행 중에 (유튜브에서) 발견한 임윤찬의 〈단테를 읽고〉를 들으면서 리스트의 스위스와 이탈리아 여행에 대한 관심도 생겨났다. '순례의 해들' 스위스 편 제1곡이 〈빌헬름 텔 예배당〉이니 더욱 관심이 커졌다. 나중에 스위스를 떠나 코모에서 하룻밤 묵으며, 코모 호반의 벨라지오에 들렀다가 코지마가 탄생한 집을 우연히 발견했다. 이탈리아어 팻말이 문간에 붙어 있는데, 루체른에서 계속 만나던 바그너의 아내 코지마가 여기서 탄생했단다. 게다가 '순례의 해들' 이탈리아 편 마지막 곡인 〈단테를 읽고〉도 여기서 작곡되었다고 적혀 있는 게 아닌가? 얼마나 놀랐던가. 그리고 얼마나 우연에 감사하며 리스트를 다시 생각했던가? 늘 그러듯 여행은 계획하지 않은 뜻밖의 선물을 마련해준다.

두 해 연속 들른 루가노는 헤세의 삶에 대해 많은 부분을 다시 생각하게 해주었다. 헤세 역시 여러 번역 작업을 통해 나와는 인연이 깊은 작가이니 오래 생각에 잠겼다. 거기서 짤막한 소설《클링조어의 마지막 여름》을 발견했다.

헤세가 이토록 탐닉하는, 혹은 아예 탐미적인 작가였던 가? 또한 생애 한가운데서, 죽음에 이를 정도로 극도의 낙담에 이르렀다가 그것을 극복해야 하는 순간이 있었다는 말인 가?《수레바퀴 아래서》에서도 주인공은 죽지만 작가 자신은 죽음을 극복했다.《클링조어의 마지막 여름》에서 클링조어는 물론 자살한 게 아니라 과로사하지만, 작가인 헤세 자신이 한동안 죽음의 상념을 달고 살았던 것만은 분명해 보인다.

《클링조어의 마지막 여름》은 헤세의 후기작으로 넘어가는 일종의 분기점을 이루는 작품이다. 문장이나 사유가 거의 색채와 죽음의 탐색에 바쳐지고 있으며, 작가로서가 아니라 화가로서의 자신을 탐색한다. 이는 그의 중기 대표작인《나르치스와 골드문트》를 위한 일종의 스케치 작품이다. 헤세는 마지막 대작《유리알 게임》을 이곳 몬타뇰라에서 썼다. 그가 선택한 두 번째 고향인 몬타뇰라에서 당시 자기가 살던 집을 직접 서술하는《클링조어의 마지막 여름》을 이번에 우리말로 옮겼다. 정말로 아름다운 남부 도시 루가노를 여행하는 사람들에게 이 도시를 안내하는 역할을 할 수 있다고 보았다.

2023년 여행에서 나는 제노바에 머물며 라팔로로 갔다가, 다시 우연히도 라팔로에서 포르토피노로 가는 자그마한 관광선에 올라타고 그곳 라팔로만(灣) 일대의 절경을 실컷 바라보았다. 니체가 산책 도중 차라투스트라의 유형(類型)이 자기를 기습했다고 말한 바로 그곳이다. 《차라투스트라는 이렇게 말했다》(이하 《차라투스트라》) 제1부가 이곳 라팔로에서 쓰였다. 나는 이곳을 거쳐 나폴리로, 이어서 소렌토로 갔고, 마지막에는 독일로 갔다.

결국은 실러가 활동하던 바이마르에 다시 들른 것이다. 독일 재통일 이후에 많은 돈을 들여 새롭게 정돈한 이 도시의 많은 것이 별로 마음에 들지 않아 나는 그곳에 머물기를 좋아하지 않지만, 하는 수 없이 바이마르 한복판, 공작 궁전 바로 앞에 며칠 머물렀다.

괴테와 실러의 집은 물론 니체가 죽은 집에도 들르고, 안나 아말리아 도서관에도 들르고, 리스트 하우스에도 들르니 마치 이번 여행을 제대로 마무리하는 듯한 느낌이 들었다. 그곳 리스트 하우스에서 라자르 베르만이 연주한 '순례의 해들' CD를 샀다. 나도 모르는 사이 내 여행을 안내한 음악이었다. 니체, 실러, 리스트, 우리 모두 여기 모였구나.

4종의 책

집으로 돌아온 다음 찬찬히 여행을 돌아보았다. 그러자 천천히 이 세트의 기획이 눈앞에 나타났다. 오래전부터 준비해온 《차라투스트라》는 번역을 모두 끝냈지만, 제1부만 손질해서 먼저 내놓는다. 나머지 부분은 나중에 기회를 보아 내놓을 셈이다. 《클링조어의 마지막 여름》만은 이 기획을 위해 새롭게 번역했다. 그 색채 언어가 옮기기에 쉽지 않았다.

얼마 전부터 손자와 쌍둥이 손녀에게 무언가 유산을 남기고 싶다는 생각을 해왔다. 휴대폰과 TV에 오염되지 않은 아이들은 수영과 줄넘기, 농구, 배드민턴, 야구, 철봉, 트레킹 등 운동을 좋아하고, 실내에서는 종이접기와 보드게임 등 실내 놀이를 하고 온갖 어린이 책을 즐겨 읽는다. 특히 방학이면 남아도는 시간을 주로 책 읽기와 놀이로 보내니, 나하고도 운동과 게임을 함께하는 좋은 놀이 친구다. 내 어찌 이 꼬마들을 사랑하지 않을 수 있으랴? 이 아름다운 아이들을 나는 '나의 보배들'이라 부른다. 그러니 무언가를 남기고 싶다.

돈도 없는 내가 무슨 유산? 돈이 없어도 책을 남기면 되지. 아직은 어리지만, 이 아이들이 스무 살이 되면 읽을 수 있는 책을 내면 좋겠다고 생각했다. 스무 살 대학생이라면 누구든 읽을 수 있는, 쉬운 우리말로 옮긴 고전 작품과 그것을 안내하는 책을 내면 좋을 것 같았다. 그러면 나의 보배들과 함께, 다른 사람의 보배들도 원하기만 하면 읽을 수 있지 않겠는가?

그렇게 해서 '스위스 패스' 세트가 구성되었다. 이 책들을 모아주는 공간이 스위스의 지역들이다. 스위스 여행에서 나온 아이디어였지만, 실제로는 이탈리아와 독일의 지역이 일부 포함되니 유럽 문화 여행이라 부르는 것이 아마 더 정확하겠지만.

스위스 여행자를 위한 팁

스위스 사람들이 이런 내 생각을 들으면 별로 좋아하지 않을 것 같다. 아니, 스위스는 공간만 제공하고, 주제는 전부 독일의 예술가들이잖아? 정말로 그렇다.

두 번째 여행 때 비행기에서 만난 스위스 출신 호주 사람 하나가 내게 여행의 이유를 물었다가, 대강 내 관심사를 듣고는 상당히 성이 나서, 베른에 가거든 아인슈타인 집에 꼭 들르라고 충고해주었고, 나도 그러기로 약속했다. 아이와 나는 베른에서 물론 아인슈타인 집에도 가고, 초콜릿도 사고, 무엇보다도 파울 클레 박물관에 가서 즉석에서 박물관이 제공해주는 즐거운 작업도 했다. 그의 작품을 연상시키는 채색 종이를 길게 오려 교차시키는 작업을 하고 클레의 작품도 보았다. 그러고 나서 쾌적한 그곳 공원을 두루 돌아다니며 즐겼다.

눈과 마음을 열어두고 있으면 여행자는 어디서나 즐거운 체험을 할 수 있다(물론 진드기에 물리는 것 같은 괴로운 체험도). 해가 나면 몹시 행복하지만, 비가 와도 비옷(재킷)을 입고 우산을 쓰고 돌아다닌다. 스위스 패스를 이용해 모든 교통편을 해결하고, 작게 접을 수 있는 장바구니를 배낭에 넣고 다니다가 스위스의 신선한 채소와 고기를 재료로 만든 음식과 과일을 슈퍼마켓에서 사면 여행 경비도 생각보다 많이 들지 않는다. 이따금 작은 컵라면을 곁들이면 우리에겐 정말 성찬이다. 언제나 물병을 들고 돌아다니다가, 시내 곳곳에서 넘쳐흐르는 수도꼭지에서 물을 받아 마실 수도 있다. 알프스에서 내려오는 세상에서 가장 청정한 물이다.

짐을 가볍게 챙겨 갈수록 더욱 자유롭다. 짐을 가볍게 만들기 위해선 옷가지를 줄여야 한다. 스위스 여행을 위해서는 한여름의 반팔 티셔츠부터 긴팔 셔츠, 얇은 다운재킷, 얇은 발열 내의, 비옷, 활동하기 편한 긴바지, 따뜻한 스카프와 장갑 등이 필수다. 한겨울이나 한여름을 피하고, 다섯 겹 혹은 네 겹까지 껴입을 각오를 하면 그걸로 충분하다.

나의 경로는 이랬다. 독일과의 접경 지역인 바젤, 또는 공항이 있는 취리히에서 출발해 스위스 중앙부인 루체른을 중심으로, 왼편 또는 오른편을 가로질러 틈틈이 취리히와 장크트갈렌 등 중요한 문화도시와 다른 도시들을 방문하고, 물론 알프스 산악 지역과 동부의 엥가딘에도 들른다. 스위스 전역의 기차 연결망은 거의 환상에 가까우니, 공식 앱을 휴대폰에 저장하고 이용하면 거의 서울시의 지하철 연결망처럼 편리하게 이용할 수 있다.

북부의 주요한 지역을 돌아보고 다시 루체른으로 돌아와 그곳 선착장에서 배를 타고 플뤼엘렌으로 와서, 알프스산맥의 남북을 연결하는 고트하르트 고개를 넘어 남쪽 루가노로 간다. 루가노에서 기차로 삼십 분만 더 남쪽으로 내려가면 이탈리아의 코모에 이른다. 바젤-루체른-루가노는 전체적으로 보면 스위스를 세로지르는 경로다.

유럽 여행 중에 어차피 스위스에 들른다면, 그리고 색다르고 지적인 경험을 원하는 사람이라면 이 책을 각자의 방식으로 이용할 수 있지 않을까.

안인희

제1부

고독한 산책자 니체

제1장

젊은 날의 니체

니체,
젊은 문헌학계 전체의 우상

1868년 10월, 독일 라이프치히 대학의 젊은 대학원생 프리드리히 니체(Friedrich Nietzsche, 1844~1900)는 스위스 바젤(Basel) 대학교의 문헌학 교수로 초빙되었다. 10월생인 그가 만 스물네 살이 되던 순간이었다. 아직 학위논문을 마치지 못했는데도, 지도 교수인 리츌(Ritschl)의 강력한 추천 덕에 그런 일이 가능했다. 그만큼 당시 문헌학계는 젊은 천재 학자에게 상당한 기대감을 품었다. 리츌은 그를 "젊은 문헌학계 전체의 우상"이라고 불렀다.

바젤 대학교에서 초빙의 편지가 오자 라이프치히 대학 측은 니체가 고전 문헌학 분야에서 이미 내놓은 특별한 업적들을 근거로 즉시 그에게 학위를 수여하고, 교수 자격 취득에 필요한 일반적인 다른 형식을 면제해주었다. 당시 문헌학에 회의를 느끼기 시작하던 니체는 한동안 망설이며 생각에 잠기긴 했지만, 결국 바젤 대학의 초빙을 받아들이기로 했다. 대학 강의만이 아니라 전통 깊은 바젤 김나지움(고전 그리스어와 라틴어를 기반으로 하는 옛날 인문계 고등학교)에서 고등학생들에게 고전 그리스어와 라틴어를 가르치는 임무도 함께 떠맡는 자리였다.

그 초빙을 받아들일지 확실한 결정을 내리지 못하고 있던 11월 초에 그는 당시 유럽 전역에서 높은 명성을 얻고 있던 작곡가 바그너를 만난다. 스물넷 청년은 31년 연상인 쉰다섯 살의 바그너와 만나고, 이듬해 두 번째로 만나서는 벌써 그와 가장 가까운 친구가 된다. 니체가 교수로서 바젤에 도착하며 두 사람 사이에 본격적인 왕래가 시작되었다.

이렇듯 젊은 니체는 스물네 살에 이미 삶의 여러 측면에서 매우 특별한 계기들을 맞이하지만, 바젤에 부임하고 10년이 흐른 1879년 말에는 벌써 대학에 사직서를 내지 않을 수 없었다. 겨우 서른다섯의 젊은 나이인데도 심한 신체적 고통 탓에 더는 교수직을 수행할 수 없었기 때문이다. 대학을 떠난 뒤로 그는 견디기 힘들 만큼 심각한 두통과 안통과 복통에 시달리면서, 눈과 몸이 참아낼 수 있는 환경을 찾아 스위스와 남유럽의 여러 도시를 이리저리 떠돌아다니며 글을 썼다. 시간이 흐르면서 일시적인 회복기가 나타나기도 했지만, 건강은 점점 더 나빠졌다.

니체의 글을 읽으려면 먼저 이 점을 염두에 두어야 한다. 그의 주요 저서들이 대부분 이렇듯 병들어 떠돌이 생활을 하는 중에 나왔다는 점, 즉 한군데 정착해 차분히 글을 쓸 수 없는 상황에서 나왔다는 점 말이다. 그래서 그의 저서들은 여기저기서 쓴 짧은 경구 형식으로 된 것이 많다. 경구나 잠언은 성숙한 니체의 문장에서 가장 큰 특징이다. 그는 자주 불같은 열광과 영감에 휩싸여 놀란 만큼 빠른 시간에 책을 써내곤 했다.

통증을 안고 살아간 니체, 그늘 길로 다니다

교수직을 그만두고 다시 10년이 지난 다음, 마흔네 살 생일을 넘기고 얼마 지나지 않은 1889년 1월에 니체는 이탈리아 북부 도시 토리노에서 최종적으로 정신적·육체적 붕괴를 겪고 쓰러져 다시는 회복하지 못했다. 일종의 마비 증상 때문이었는데, 그 이전에 그가 겪은 모든 통증도 이런 마비의 전 단계로 이해된다.

대학 시절 그는 하인에 이끌려 창녀들의 거처에 잘못 안내된 적이 있었다. 재빨리 거기서 도망쳐 나왔지만, 본인의 말에 따르면 그전에 먼저 "장신구를 하고 비치는 속옷을 입고" 놀라는 여자들 앞에서 잠깐 피아노 연주를 했단다.• 이런 에피소드 탓인지 그가 매독에 걸렸다는 설이 오랫동안 퍼져 있었다. 니체 당시의 의사들이 그의 붕괴를 매독 탓으로 여겼기 때문이다.

하지만 오늘날의 병리학 관점에서는 그보다는 '카다실(Cadasil)' 증세로 여겨진다.•• 이는 DNA 이상에 의한 뇌의

• 빌헬름 바이셰델,《철학의 뒷계단》, 473쪽.

백질(白質) 장애로서 유전적인 특성이 있고, 일찌감치 나타나는 편두통과 시각 장애가 초기의 주요 증상이다. 기질이 변덕스러워지고 온갖 종류의 발작 증세를 겪다가, 40~50대에 흔히 허혈성 뇌졸중을 통해 기억과 사유에 심각한 문제를 일으키면서 치매나 파킨슨병으로 연결된다고 한다. 이는 정확히 니체가 겪은 증세들과 일치한다.

이 질병의 특수한 증상은 그의 어린 시절부터 나타났다. 1856년(12세) 여름 그는 지속적인 두통과 안통 때문에 김나지움에서 잠시 휴학을 해야만 했다. 이런 통증은 점점 더 심해지다가 1870년대에는 편두통 발작으로도 이어졌다.

게다가 이런 온갖 증상과는 별도로, 1870년(26세) 프로이센(독일)·프랑스 전쟁(1870~1871)에 자원입대해 간호병으로 근무하면서, 부상병을 이송하는 도중 이질과 인후(咽喉) 디프테리아에 감염된 적이 있었다. 그는 여러 달이나 앓아 누웠다가 간신히 병을 이기고 살아남았지만, 그 뒤로 오랫동안 이질의 후유증으로 심각한 복통에 시달리곤 했다.

신체의 통증은 상상을 넘어설 정도로 심각했던 것 같다. 게다가 자주 배를 타고 여행했는데, 그럴 때마다 극심한 뱃

•• https://de.wikipedia.org/wiki/Friedrich_Nietzsche 참조.

멀미를 했다는 기록도 남아 있다. 시칠리아나 소렌토 등 남부 이탈리아 혹은 프랑스의 니스에서 북부로 올라오는 길은, 일단 뱃길로 제노바 항구까지 와서—뱃길이 육로보다 시간도 덜 걸리고 비용도 덜 나왔으니—육로로 코모(Como)를 거쳐 스위스로 이동하는 것이었는데, 그는 배를 탈 때마다 몹시 힘든 고통을 겪었다.

말년에 그의 원고 일부는 그를 숭배한 음악가 페터 가스트(Peter Gast)의 손으로 정리되었다. 번개 치는 듯한 눈의 번뜩임과 통증이 심해진 나머지, 나중에는 원고를 쓰는 일만이 아니라 글을 읽을 수도 없어서 가스트가 그에게 글을 읽어주었다는 이야기도 전해진다. 니체는 가스트와 몇 번의 여행도 함께했다.

날씨 좋은 날 버스나 자전거를 타고—물론 자전거 길이 훨씬 좋다—장크트모리츠(St. Moritz)에서 별로 멀지 않은 실스마리아(Sils Maria, 엥가딘)로 이동하다보면, 알프스 고산지대 특유의 크고 작은 여러 아름다운 호수를 만나게 된다. 스위스 동부, 알프스산맥의 해발 1800미터 높이에 자리한 이 지역은 여름철에도 그리 덥지 않은 쾌적한 환경이라 병 때문에 교수직을 떠난 니체는 자주 이곳에 머물렀다. 스키어들이 좋아하는 환경인 만큼 장크트모리츠에서는 20세기에 두 번(1928, 1948)이나 동계 올림픽이 열렸다.

눈 덮인 산을 배경으로 펼쳐지는 아름다운 호숫가를 따라 온갖 산책로가 계속 이어진다. 그리 크지 않은 실바플라나(Silva Plana) 호숫가 숲 그늘에 저 유명한 니체 바위가 우뚝 솟아 있다. 큰길에서 멀진 않아도, 걷거나 자전거로만 가서 닿을 수 있는 곳이다. 니체가 산책 도중에 이 바위 근처에서 《차라투스트라》를 이끌어가는 두 가지 기본 사상의 하나인 영원회귀(Ewiges Wiederkehr, 영원히 되풀이됨)의 사념이 문득 떠올랐다고 고백한 바로 그 유명한 바위다. "인간과 시간의 저편 6000피트[1800미터]"에서 떠오른 그 사상.

그곳 호숫가 숲 그늘을 따라서, 또는 양지 길을 따라서 걷거나 천천히 자전거를 달리면, 햇살 따가운 양지 길과 나무들이 울창하게 늘어선 서늘한 그늘 길이 날카로운 대비를 이루는 게 보인다. 심각한 눈의 문제를 겪던 니체는 그늘 길을 골라 걸었다. 그의 눈이 햇빛 찬란한 길을 견디지 못했기 때문이다. 차라리 어둠 속의 산책은 가능했다. 이 호숫가 산책로에 서면 통증에 절어버린 그의 삶이 절로 머리에 떠오른다.

찬란한 태양과도 같은 재능을 타고났지만, 몸과 눈의 통증으로 인해 그늘 길로만 다니며 고독한 그늘의 삶을 살았던 사람. 참기 힘든 아픔을 계속 견디면서도 "영원히 되돌아오는(ewig wiederkehrend, 영원회귀 하는)" 고통의 삶조차도 기꺼이 받아들이겠노라고 용감하게 선포했었지. 처절한 고통을 안고도 철두철미 삶을 긍정한 철학자-시인이 외치던 "운명에 대한 사랑(Amor fati)"이라는 말이 깊은 울림으로 거듭 메아리치는 것을 조용한 아픔으로 듣는다.

그는 교수직을 그만두기 전부터 이미 병가를 내고서, 그리고 서른다섯 살 이후로는 깊어진 병마에 시달리며, 계절에 따라 몸이 견딜 만한 날씨를 찾아 주로 남부 유럽의 휴양지를 떠돌며 극히 소박하게 살았다. 오늘날처럼 엄청난 관광객이 몰리던 시절이 아니었기에 가능한 일이었다. 어머니와 여동생이 머무는 독일에도 자주 들렀으니, 니체의 삶은 거의 떠돌이의 그것이었다. 다행히도 바젤 대학교가 그에게 연금을 지급해주어서 재정 문제를 해결할 수 있었다. 이런 떠돌이 생활이나마 겨우 10년에 지나지 않는다. 10년 뒤에는 아예 쓰러졌으니.

그토록 고통스러운 그의 삶에서 "가장 행복한 시기"는 루체른 호숫가에 살던 바그너 가족과 가깝게 지낸 3년이었다. 1869년 초에 만 스물네 살의 니체는 교수가 되어 바젤로 왔다. 취임 첫 학기의 바쁜 일정을 어느 정도 정리한 다음, 5월 중순이 되어서야 루체른 호숫가 트립셴(Triebschen) 구역에 자리 잡은 바그너의 집을 처음으로 방문한다. 전년도 11월 라이프치히에서 만나 초대를 받고 6개월이 지난 다음이었다.

바그너의 트립셴 하우스,
루체른 호반의 평화와 《니벨룽의 반지》 완성

 루체른 기차역에서 밖으로 나오면 곧바로 루체른 호수가 눈에 들어온다. 역에서부터 넓고 어지러운 버스 정류장을 가로질러 길 하나를 건너면 루체른 호수의 관문인 선착장이다. 선착장 오른편의 거대한 유리 건물은 프랑스 출신의 세계적인 건축가 장 누벨(Jean Nouvel)의 걸작품으로, 루체른 명물의 하나인 '루체른 문화 센터 겸 컨벤션 센터(KKL)'다. 해마다 여름이면 루체른 음악 페스티벌이 열리는 곳이니 이 건물 안에는 대규모 콘서트홀이 있고, 당연히 세계적인 음악가들과 음악 애호가들이 몰려든다. 부유한 문화도시 루체른은 스위스에서도 물가가 비싼 곳인데, 특히 페스티벌 기간엔 말해 무엇하랴.

 루체른 선착장에서 올바른 노선의 배에 올라타면 첫 번째 도착하는 정거장이 트립셴이다. 선착장 주변은 온갖 종류의 하얀 배가 정박해 있을 뿐, 인가가 멀찍이 떨어져 있는 일종의 공원 지역이다. 호숫가를 따라 키 큰 포플러 나무들이 일정한 간격으로 보기 좋게 서 있고, 널찍하게 펼쳐진 완만한 풀밭 경사면을 올라간 저 위쪽 쾌적한 언덕에는 역시 포플러

루체른의 바그너 박물관.

나무의 호위를 받으며 아름다운 3층짜리 흰색 별장 한 채가 서 있다. 19세기 한때 바그너-코지마 가족이 살았던 집(트립셴 하우스)으로, 오늘날에는 루체른의 바그너 박물관이다. 버스로 접근하면 걸어서 찾아오기가 조금 번거롭지만, 배로 접근하면 선착장 자체가 거의 박물관 전용이다.

기차역 선착장보다는 한국인 가족 관광객도 많이 찾는 루체른 교통박물관 근처 선착장에서 기차역으로 향하는 배를 타면, 배는 호수 맞은편 트립셴에 들렀다가 기차역으로 향한다. 이렇게 호수에서 배를 타고 바라보아야 비로소 이 집의 특별한 위치가 분명해진다. 별장의 왼쪽 저 멀리 뒤쪽으로 필라투스(Pilatus)산이 어딘지 작은 악마와 같은, 실은 우람한 모습을 드러내기 때문이다.

'필라투스'는 성서에 나오는 로마 총독 빌라도의 라틴어 이름, 즉 오리지널 이름이다. 전설에 따르면, 예수에게 사형 선고를 내린 빌라도 총독이 죽었을 때 지상의 어떤 땅도 그의 시신을 받아들이려 하지 않다가, 마침내 이 산이 그의 시신을 받아들였다고 한다. 그래서 '필라투스산'이라는 이름이 붙었는데, 호수에서 배를 타고 지나다보면, 바라보는 각도에 따라 악마의 뿔을 드러낸 것처럼 보이는 지점들이 나타난다.

루체른 호수에서 바라본 필라투스산.

옛날부터 이 산은 일대의 비구름을 끌어모아 루체른 지역으로 나쁜 날씨를 보냈고, 덕분에 루체른엔 비가 잦다. 호수 남쪽 저 멀리에 알프스 고봉들이 줄지어 있는 게 보이는데, 필라투스는 그보다는 낮아도, 여전히 거대한 산들의 덩어리에서 뚜렷하게 솟아오른 봉우리로, 흔히 루체른의 산이라 불린다.

생애 처음 평화로운 가정생활

바그너는 1866년 4월부터 1872년 4월까지 만 6년 동안 이 집에서 살았다. 아직 이혼 전이던 코지마 폰 뷜로(1837~1930)도 이곳에서 처음부터 그와 함께 지냈다. 그녀는 첫 남편인 한스 폰 뷜로(1830~1894)와의 사이에 두 딸, 이어서 바그너와의 사이에 두 딸과 막내아들 지크프리트를 두었다. 막내만 이 집에서 태어났다. 막내가 태어나고 1년도 더 지난 다음에야 코지마와 전남편의 이혼이 법적으로 성립되고, 마침내 바그너와 코지마는 교회에서 결혼식을 올릴 수 있었다. 손님을 거의 초대하지 않고 증인 두 명이 참석한 작은 결혼식이었다.

바그너는 생애 처음으로 이 집에서 거의 정상적이고 평온한 가정생활을 누리며 창작에 전념할 수 있었다. 그는 첫 결혼에서 자녀가 없었다. 첫 아내인 민나(Minna, 1809~1866)를 매우 사랑했던 것으로—코지마가 많은 사실을 감추고 위조했기에, 뒷날에야 바그너가 민나에게 보낸 편지들을 찾아내면서—나중에야 밝혀졌지만, 늘 생활고에 쫓기던 시절이라 그녀와는 자신이 꿈꾸던, 거의 비현실적인 "(종합)예술"에 대한 논의가 아예 불가능했다.

게다가 바그너가 끊임없는 여성 편력으로 아내를 괴롭혀

박물관 앞 바그너 두상.

서 부부는 싸움을 계속하다가 별거하기에 이르렀다. 바그너와 코지마가 뮌헨에서 함께 지낼 때도, 매우 당연한 일이지만, 바그너 오페라의 지휘자인 그녀의 남편 한스 폰 뷜로가 그들 사이에 심각한 장애를 만들어냈다. 자세한 이야기는 뒤로 미루자.

풍성한 창작의 결실

이곳 트립셴에서 바그너는 처음으로 돈 걱정 없이—저택의 임대료와 수리비와 막대한 생활비 등 모든 비용을 루드비히 왕이 냈으므로—자기 취향대로 사치스럽게, 가족과 함께 쾌적하고도 나름 조용하게 살 수 있었다. 물론 언제나 그렇듯 자주 손님이 찾아왔다.

바그너는 사치스러운 성향과 공단(비단) 취향으로 악명이 높았지만, 한 가지만은 분명했다. 삶이 고달플 때나 안정되어 있을 때나 믿을 수 없을 정도의 집중력으로, 때로는 건강이 나빠졌을 때조차도 결코 창작을 멈추지 않았다. 70년을 살았다고는 하지만, 그 많은 작품은 그가 정말 부지런히 작업한 결과 나온 것이다. 물론 이 대저택에서도 그는 거의 쉬지 않고 창작과 음악 활동에 몰두했고, 코지마는 그런 그를 사랑하고 있는 힘을 다해 뒷바라지했다.

이곳에 사는 동안 그는 〈뉘른베르크의 장인 가수들〉(1867)을 완성하고, 오랫동안 중단되어 있던 4부작 오페라 《니벨룽의 반지》(이하《반지》)도 일단 완성(1874)할 수 있었다. 루드비히 2세가 그에게 이 작품을 완성하라는 과제를 부여했었다.

《반지》4부작 중 제3부인 〈지크프리트〉의 제2막 마지막 장면에서 오래전에 끊겼던 작곡이 이곳에서 다시 이어졌다. 주인공 지크프리트가 용과 난쟁이 미메를 죽이고 나서 깊은 숲속에 홀로 남아 숲의 새와 이야기를 나누는 부분이다. 흔히 '지크프리트 목가(Siegfried Idyll)'라고 불리는 평화로운 이 장면은 트립셴 집에서도 따로 떼어내 여러 번이나 연주되었다. 〈지크프리트〉에 이어서 《반지》의 마지막 작품인 〈신들의 황혼〉의 작곡도 여기서 이루어졌다. 이 초대형 작품이 완성되자 바그너 생애 마지막의 거대한 숙제, 곧 이 특별한 작품을 위한 극장의 건설과 실제 무대 공연의 문제가 그의 눈앞으로 다가왔고, 그 일을 위해 그는 트립셴을 떠나 바이로이트로 이주한다.

이곳 트립셴에서 그가 〈지크프리트〉를 작곡할 때 태어난 아들의 이름이 '지크프리트'다. 우리는 코지마와 바그너의 마음을 짐작해볼 수 있다. 이 저택에서 '지크프리트 목가'를 연주할 때면, 그들은 행복한 가정의 평화와 작품의 진행을 동시에 느꼈을 것이다.

바그너는 에라르(Erard) 그랜드 피아노로 작업했다. 그가 애지중지하며 이리저리 끌고 다니던 이 피아노는 오늘날 이곳 바그너 박물관에 전시되어 있고, 방문객이 연주할 수도 있다. 이 악기는 큰 소리도 잘 내지만, 건반을 살짝 내리치면 바로 옆방에서도 들리지 않을 정도의 작은 소리도 낼 수 있어서 이 피아노로 작업하기 좋다고 바그너는 자랑한 적이 있다. 〈지크프리트〉와 〈신들의 황혼〉도 물론 이 피아노를 이용해 작곡했다.

젊은 니체 교수의 행복한 시절

이미 말했듯 바그너는 1868년 라이프치히에서 대학원생 니체를 처음으로 만났다. 그리고 처음에는 생각지도 못한 일이지만, 이들의 관계는 놀라울 정도로 급속히 가까워졌다. 뒷날 니체는 친구들에게 보낸 편지에서 이렇게 말한다.

> 내가 트립셴[의 바그너 저택] 가까이서 보내며 스물세 번이나 그곳을 방문한 이 3년[1869~1872] — 이 기간은 내게 어떤 의미를 가지는지! 그 시간이 없다면 나는 대체 무엇일까? 내 책[《비극의 탄생》] 안에 저 트립셴 세계를 새겨 넣은 게 행복하다.
>
> -1872년 5월, 게르스도르프에게

> 트립셴은 내게 큰 위안이었는데, 지금은 위안이 되어줄 단 한 곳, 단 한 사람도 없구나.
>
> -1886년 7월, 오버베크에게

니체의 편지들만이 아니라 그가 남긴 저서들에서도 바그너를 찬양하거나 그와 대립한 것, 예리하게 비판한 부분들이 곳곳에 나타난다. 니체의 사상은 바그너와의 관계를 떠나 뒷날 매우 독립적인 철학적 위치를 얻는다. 특히 살아서 명성의 절정에 도달한 바그너와는 달리, 니체는 죽고 나서 오히려 명성이 더 높아진다.

하지만 그의 사상의 생성기, 특히 그가 처음으로 "디오니소스적인 것(das Dionysische)"을 밝힌 《비극의 탄생(Die Geburt der Tragödie)》을 쓰던 시절에 바그너와 매우 밀착된 관계가 지속되었으니, 니체의 사상을 정확히 이해하기 위해서는 이 관계를 살펴보는 일이 꼭 필요하다.

사실 이들의 우정은 인류 역사에서도 드문 것이다. 활동 분야가 전혀 다른 두 사람, 유럽 세계 일급의 예술가와 뒷날 독일을 대표하는 시인-철학자로 우뚝 솟아오르는 젊은 교수 사이의 우정, 니체의 표현대로 실로 '별들의 우정'이었으니 말이다.

별들의 우정,
사랑과 희망이 피어나던 시절

라이프치히의 첫 만남

1868년 독일 라이프치히, 니체가 처음으로 바그너를 만나고 나서 그 흥분이 채 식기도 전에 친구 에르빈 로데(Erwin Rohde)에게 보낸 11월 9일 자 편지에서 우리는 그들 첫 만남의 분위기를 비교적 상세히 느낄 수 있다.

11월 2일, 바그너는 일주일 예정으로 라이프치히 대학교 교수인 매형과 8년 연상의 누이를 만나러 라이프치히로 왔다. 그는 어디를 향하든 지역신문에 크게 보도되는 탓에 그것을 피하려고 철저히 익명을 사용했고, 외출할 때는 챙이 큰 모자를 썼다. 그의 매형 브로크하우스 교수는 동양학자로서 니체의 스승인 리츌과 가까운 사이였으니, 그는 아마 리츌을 통해 재능이 특출한 이 젊은 대학원생 이야기를 들었을 것이다. 어쨌든 니체는 친구 한 사람과 브로크하우스 댁에 초대받아 그곳에서 저녁 시간을 바그너와 함께 보냈다.

니체의 편지에는 당대 유명 예술가와의 만남을 앞두고 설레는 청년의 마음이 고스란히 담겨 있다. 때마침 다른 목적으로 맞추어둔 양복을 집으로 가져온 심부름꾼과—그가 돈을 받아 가겠다고 우기는 통에—드잡이까지 벌이고도, 심부름꾼이 양복을 도로 가져가는 바람에 결국은 새 양복을 입지도 못한 채 비 내리는 저녁, 약속 시간에 늦지 않으려고 친구와 함께 거리를 달려가는 모습이 상당히 재미있다.

그렇게 만난 바그너는 피아노 앞에서 〈뉘른베르크의 장인 가수들〉의 등장인물을 차례로 흉내 내고, "몹시 빠른 속도로 말하며 매우 재치가 있어서 이런 사적인 모임을 정말로 즐겁게 만드는 놀랄 만큼 생동하는 불같은 남자"였다.

하지만 그날 저녁 바그너와 니체의 마음을 진짜로 사로잡은 것은, 두 사람 모두 쇼펜하우어의 사상에 깊이 매혹되어 있다는 사실이었다. 그들은 쇼펜하우어에 대해 "상당히 긴 대화"를 나누었다. 니체는 로데에게 이렇게 말한다. "그[바그너]가 그[쇼펜하우어]에 대해 이루 말할 수 없이 따뜻하게 말하는 걸 듣고, 또 자기가 그에게서 무엇을 얻었으며, 어째서 그가 음악의 본질을 깨달은 유일한 철학자인지 설명하는 걸 듣는 게 내게 얼마나 즐거운 일이었을지 자넨 알겠지."

쇼펜하우어 말고도 두 사람은 바그너의 음악 이야기도 나누었다. 니체는 어려서부터 음악적 재능이 뛰어났기에 피아노도 잘 치고, 잠깐은 작곡가가 되겠다는 생각도 했다. 바그너를 만나기 전에 니체는 바그너의 오페라 무대로는 〈뉘른베르크의 장인 가수들〉 딱 한 편을 보았다. 그런데도 아마 다른 방식으로 바그너 작품을 연구했던지 상대방의 기분을 충분히 맞추어줄 수 있었다. 그래서 바그너는 헤어질 때 니체에게, 누이와 매형에게도 자신의 음악을 좀 가르쳐주라고 부탁하고 나중에 자기를 방문하라며 초대하기에 이르렀다.

트립셴에서의 재회

이듬해(1869) 5월, 바그너와 니체는 트립셴의 바그너 저택에서 다시 만났다. 5월 17일 코지마의 일기에는 이렇게 기록되어 있다. "리하르트[바그너]가 브로크하우스 댁에서 알게 된 문헌학자 니체 교수도 식사에 참석. 그는 리하르트의 작품들을 근본적으로 잘 알고 있으며, 《오페라와 연극》[바그너의 저술]의 구절을 자신의 강의에서 인용한다. 쾌적하고 고요한 방문."

니체도 여동생에게 보낸 편지에서 이렇게 말한다. "바그너와 폰 뷜로 부인[코지마]과 함께 점심과 오후 시간을 매우 유쾌하게 보냈어. 트립셴은 루체른 호숫가에 있는 정말로 사랑스러운 시골 저택이다."

이후로 다시 초대가 이루어지고, 바그너와 니체, 코지마와 니체 사이에 꾸준한 편지 왕래와 방문이 계속 이어졌다.

물론 코지마는 바그너를 대신해 감사 인사를 하거나 초대장을 보내는 등의 일을 주로 하지만, 전혀 다른 임무를 니체에게 맡기기도 한다. 편지에서 니체가 바그너의 아이를 임신한 만삭의 코지마를 "폰 뷜로 부인"이라고 칭하는 게 우리 눈에는 상당히 이상하면서도 흥미롭게 보인다.

코지마는 5월 22일 바그너의 생일(56세)을 함께 축하하자고 니체를 초대하지만, 니체는 강의 때문에 가지 못하고 6월 5일에야 두 번째로 트립센을 방문했다. 바로 이튿날 새벽 코지마가 바그너와의 세 번째 자녀인 아들 지크프리트를 출산한다. 니체가 도착했을 때 이미 바그너는 출산이 눈앞에 다가온 것을 알고 니체를 돌려보내려 했으나, 코지마가 우겨서 니체는 트립센에 남았다. 아이를 출산한 코지마의 소망에 따라 니체는 그녀의 자녀들과 시간을 보내고, 바그너도 함께 점심 식사를 했다. 벌써 가족의 일원 같은 분위기다.

니체는 바그너와 코지마에게서 점점 더 깊은 호감을 얻었다. 같은 해 코지마의 일기(1869년 11월 5일)에는 바그너와 코지마가 주고받은 짧은 대화가 적혀 있다. 바그너는 코지마에게 이렇게 말한다. "지크프리트가 어른이 되면 우린 개를 내보내야겠지. 걔는 사람들 사이로 가야 하니까." 그리고 때가 되면 니체에게 지크프리트의 교육을 맡기겠다는 계획을 세운다. "우리는 멀리서 지켜보기만 할 거야. [《반지》에서] 보탄이 [손자] 지크프리트의 교육을 멀리서 지켜보듯이 말이지."

바그너와 친아들 사이에서 니체가 일종의 중간 단계, 또는 아예 가족 구성원처럼 여겨지는 것을 볼 수 있다. 이렇듯 바그너와 니체는 처음부터 일종의 부자 관계를 이루었고, 코지마도 그렇게 이해했다. 무엇보다 31년이라는 나이 차로 보아도 이는 거의 당연한 일이다. 바그너는 50대 중반의 나이에 코지마에게서 거의 손자뻘 되는 자식들을 얻었고, 니체에게서는 거의 아들 같은 친구를 얻은 것이다. 사람들 사이에서 널리 사랑받던 아버지를 일찌감치 잃은 니체에게도 바그너는 아버지 같은 존재였다. 그래서 처음에 니체는 그토록 고분고분한 태도로 바그너를 존경하며 우러러보았다. 트립센 저택 3층에는 아예 니체의 방이 마련되어 있어서 그는 언제든 이곳에 머물 수 있었다.

"천사 아버지께"

1870년 5월, 바그너의 57세 생일에도 니체는 작년에 그랬듯 학교 일로 인해 직접 가지는 못하고 대신 축하 편지를 보낸다. 이것은 행복하던 시절 그들의 관계를 가장 잘 증언하는 편지의 하나다. 편지는 "천사 아버지(Pater Seraphicus)께"라는 인사말로 시작한다. 이는 괴테의《파우스트》제2부 제5막에서 가져온 표현이다. 제5막의 마지막 장면(11,890행)에 등장하는 천사 아버지와 "행복한 소년들(Selige Knaben)" 사이에 오가는 노래에서 인용했다. 이 편지에서 니체는 바그너에게 극진한 존경의 인사를 올린다. 잠시 들어보자.

다른 사람들은 거룩한 예술의 이름으로, 또는 가장 아름다운 소망의 이름으로, 당신께 자기들의 축하 인사를 전하겠지요. 저는 모든 소망 중에서 가장 주관적인 소망으로 만족합니다. 작년에도 이미 그러셨듯, 예술과 삶의 비밀스러운 교훈에서 계속 저의 비밀 사제로 남아주십시오. (……) 제게는 자랑스러운 말씀인데, 당신은 음악이 저를[제 삶을] 지휘한다고 써 보냈는데, 당신이야말로 이런 제 음악의 지휘자십니다. 이런 뜻에서 가장 진귀한 소망을 말씀드립니다. '이대로 머물러라, 순간이여 멈추어라, 그것이 그토록 아름다우니!'

-'행복한 소년' 하나가

마지막에 나오는 "순간이여 멈추어라, 그것이 그토록 아름다우니"도《파우스트》에서 인용한 문장이다(1700행). 그 순간 두 사람의 감정이 얼마나 충만했기에 니체는 이런 소망을 말한 것일까? 의문의 여지가 없는 부자 사이의 표현이 이 편지에 나타나 있다.

이 시절 코지마의 일기에는, 두 사람이 쇼펜하우어라는 "거룩한 정신[성령]" 아래 바그너-니체라는 부자 관계를 이루면서 일종의 삼위일체가 되었고, 두 사람 모두 그것을 만족스럽게 여긴다는 말이 나온다.

몇 가지 일화들

코지마의 일기와 세 사람이 주고받은 편지에서 우리는 바그너와 니체의 소소한 일상을 조금 들여다볼 수 있다. 트립셴 시절 그들의 일상을 잠시 들여다보자.

채식 논쟁

1869년 9월, 니체는 바그너 커플과 커피를 마시면서 앞으로는 고기를 완전히 빼고 채식만 하겠노라고 맹세해서 바그너를 잔뜩 열받게 만들었다. 헛소리라는 그의 말에 니체가 동물을 먹지 않는 게 윤리적으로 중요하다고 반박하자, 바그너는 이렇게 대꾸했다. "우리 생존이란 게 원래 타협이지. 우리는 뭔가 좋은 걸 성취해서 그런 걸(윤리적 위반) 보상해야 해. 우유만 마셔가지곤 안 되지. 그랬다간 고행자가 되고 말걸. 이런 기후에서 뭔가 좋은 걸 이루려면 좋은 영양분이 필요하거든."

하지만 니체는 그의 말에 동의하면서도 자신은 채식을 계속하겠노라고 고집부렸다. 바그너는 "자네 진짜 바보구면" 하고 성을 냈다. 바그너는 이미 여러 해나 채식을 실천해보고 채식주의의 이론과 실제를 상세히 알고 하는 말이었다. 동물을 존중하는 것은 고귀한 인간에게 어울리는 생각이긴 하지만, 그랬다간 윤리를 전혀 모르는 잔인한 여신인 자연에게서 복수를 당한다는 것이다. 바그너는 이미 그런 걸 모조리 경험했고, 만일 자기가 채식을 계속했다면 지금쯤 살아 있지도 못했을 거라고 주장했다. 이런 기후에서 "정신적 생산성을 가진 사람은 반드시 고기를 먹어야 한다"라고 말이다.

겨우 한 달 만에 니체는 채식주의를 포기했고, 코지마는 1869년 10월 19일 편지에 이렇게 적었다. "고기를 드신다니 축하합니다. 트립셴으로 돌아오는 탕자를 위해 우리가 살진 송아지를 잡는 걸 보실 거예요!" 이는 성서에 나오는 돌아온 탕자의 비유에서 가져온 표현이다.

바그너의 생일잔치

니체가 "천사 아버지께" 축하 편지를 보낸 1870년 5월 22일의 생일잔치에 대해서, 코지마는 참석하지 못한 니체에게 상세한 보고를 적어 보냈다(5월 23일 편지). 이를 통해 우리는 코지마가 예술가를 위해 마련한 생일잔치 이야기를 가까운 친구의 관점에서 들어볼 수 있다. 직접 갈 수 없던 니체는 코지마의 지시에 따라 아름다운 장미꽃 다발이 토요일(5월 21일) 저녁 9시에 트립셴에 도착하도록 주문해두었다.

밤 9시부터 새벽 3시까지 코지마는 정원사 여섯 명과 함께 장미꽃과 다른 꽃들을 이용해 트립셴 저택의 1층과 2층을 연결하는 계단실 전체를 거대한 정자로 변모시킨다. 1층에는 바그너의 흉상이 놓였는데, 이 흉상은 꽃 핀 협죽도 한 그루와 온갖 꽃으로 뒤덮였다기보다 아예 짓눌리다시피 했다. 아침이 되자 네 딸은 모두 흰옷 차림으로 장미 화환을 들고서 각자 배당받은 자리에 선다. 한 명은 큰 월계관을 쓰고 계단 중간, 또 다른 한 명은 도금양에 둘러싸여 현관 입구에 서고, 꼬마 두 명은 위층 출입문 곁 오렌지 나무 아래 선다. 코지마 자신은 식당 문간에 놓인 흉상 옆에 아들을 안고 선다. 정각 8시에 미리 연습해둔 마흔다섯 명의 군악대가 마당에서 행진하며 음악을 연주했는데, 도가 지나쳤던지 바그너가 너무 놀라는 바람에 코지마는 그것을 후회했다.

오후에는 딸 한 명이 좋아하는 방울새 다섯 마리를 새장에서 놓아주는 행사를 벌였다. 새들이 모두 도망쳤지만 한 마리가 꼼짝 못 하는 것을 보고 하인을 시켜 나뭇가지에 올려놓았는데, 겁을 먹어선지 하늘로 날아가는 대신 땅으로 내려오는 것을 개가 잡아채 죽이고 말았다. 코지마는 인간의 작은 선의가 뜻대로 되지 않는다는 탄식을 내놓으며 편지를 마무리한다.

바그너의 결혼식과 전쟁터의 니체

같은 해 7월 15일, 프랑스 의회는 프로이센(뒷날의 독일)에 맞선 전쟁을 결의한다. 그러자 니체는 바젤 교육청의 허락을 얻고 참전해, 독일군 편에서 (눈이 좋지 못한 탓에) 위생병으로 근무한다. 그가 전쟁터에 나간 그해 여름 바그너와 코지마는 마침내 결혼식을 올릴 수 있게 되었다. 지휘자 한스 폰 뷜로가 코지마와의 이혼에 합의해주고 며칠이 지나서였다. 8월 25일에 두 사람은 교회에서 결혼식을 올리고, 9월 4일에는 아들 지크프리트의 세례식도 거행했다. 니체는 멀리서 그 소식을 전해 듣고, 9월 11일 편지에서 축하 인사와 더불어 안타깝게도 결혼식에 참석할 수 없었던 자신의 상황을 전한다. 이 편지는 독일 에를랑겐의 야전병원에서 보낸 것이다.

아르쉬르모젤(Ars sur Moselle)에서 니체는 부상병들을 독일로 후송하는 임무를 맡았다. 지저분한 가축 운반용 화물칸(열차)에 중상자 여섯 명을 태우고 사흘 밤낮을 혼자 보살피는 극단적으로 힘든 일이었다. 모두 총상으로 뼈가 부서

졌고, 네 군데나 부상당한 사람도 몇 있었다. 게다가 두 명은 디프테리아에 감염되어 있었다. 니체는 나중에 이때를 돌이켜보며 자기가 이런 상황에서 잠자고 음식도 먹었다는 게 거의 기적처럼 느껴진다고 말했다. 카를스루에 야전병원에 부상병들을 넘기자마자 그 자신도 컨디션이 몹시 나빠졌고, 힘들게 겨우 에를랑겐에 도착하지만, 거기서 그만 병으로 쓰러졌다. 고약한 이질과 목 디프테리아에 감염된 탓이었다.

먼 뒷날까지도 그는 그 후유증을 견뎌야 했다.

《비극의 탄생》과 참담한 실패

니체는 1872년 초에 첫 번째 저서《비극의 탄생》을 세상에 내놓았다. 철학자로서 니체의 출발을 예고하는 이 작품은 니체의 중요한 저서의 하나다. 그가 바그너 가족과 친밀한 관계를 유지하던 시절에 나온 이 책은 바그너와의 관계를 빼고는 아예 이해하기 어려운 부분을 포함한다.

또한 이 책은 몇 가지 형식을 뛰어넘으면서까지 젊은 대학원생 니체를 바젤 대학교의 교수로 임명한 당시 문헌학계의 기대를 상당히 벗어나는 것이었기에, 니체는 문헌학계 쪽에서 엄청난 비판을 받으며 학자로서의 참담한 실패를 견뎌야 했다. 지도교수 리츌조차도 이 책에 대해 싸늘한 반응을 보였고, 다음 학기 니체의 고전학 강의('그리스인과 로마인의 수사학')에는 전공 학생이 한 명도 들어오지 않는 지경에 이르렀다. 특히 니체가 바그너의 이른바 '미래 음악'을 고전 문헌학에 끌어들였다는 조롱이 나타났고, 이는 틀린 말도 아니었다.

1870년 여름, 전쟁에 나가기 전부터 이 주제를 탐색한 니체는 전쟁 기간에도 탐색을 계속했으며, 1871년 말에 마지막 단계에서 〈바그너에게 부치는 서문〉을 썼다(제1판). 그리고 "16년이 지난 다음" 제목을 약간 바꿔서 책을 다시 내놓았다(제2판). 제1판의 제목은 '음악의 정신에서 본 비극의 탄생'이고, 제2판은 '비극의 탄생 또는 그리스 정신과 비관주의'라는 제목을 달고 있다.

다시 정리하면 이렇다. 바그너와 친밀한 관계에 있을 때의 제목은 '음악의 정신에서 본 비극의 탄생'이고, 바그너와 결별하고 그가 죽은 다음 다시 내놓은 제2판에서는 '음악'이란 말이 아예 빠지고 대신 '비관주의'가 들어갔다. 제2판에는 '자기비판의 시도'라는 제목의 방대한 서문이 더 들어갔는데, 이것이 제1판과 가장 중요한 차이다. 오늘날에는 흔히 제2판을 기본 텍스트로 삼으며, 필자도 제2판을 따른다.

고전 그리스 비극을 다룬 이 저술에서 그리스 정신과 예술은 원래부터 핵심 주제다. 젊은 니체는 이미 본문의 맨 앞부분에서 고대 그리스 사람들이 삶에 대해 매우 비관적인 관점을 지녔다는 사실에 주목했었다. 그에 따르면 "인간에게 가장 좋은 것이 뭐냐?"라는 질문에 대해 고대 그리스인의 지혜는 이렇게 대답한다. "가장 좋은 것은 태어나지 않는 것이고, 두 번째로 좋은 것은 얼른 죽는 것"*이다. 이보다 더 비

• Friedrich Nietzsche, *Die Geburt der Tragödie*, S. 29.

관적인 인생관이 있는가?

뒷날의 니체는 제목 일부를 변경함으로써, 이 책에서 음악이 아니라 그리스인의 비관론과 비극에 관찰이 집중된다는 점을 강조하려고 했던 것 같다.

고대 그리스인의 비관주의

니체는 '자기비판의 시도'라는 제목의 서문(또는 후기)을 새로 써서 제2판에 덧붙였다. 16년 뒤(1887)에 쓰인 〈자기비판의 시도〉를 제1판부터 들어 있던 〈바그너에게 부치는 서문〉과 비교해보는 것만으로도 우리는 바그너와 니체의 관계를 상당히 분명하게 알아볼 수 있다.

〈바그너에게 부치는 서문〉에서 젊은 니체는 바그너가 산책을 마치고 돌아와 막 인쇄된 책을 우편으로 받아 들고, 그 표지를 보며 저자 이름을 읽는 장면을 상상한다. 그러면서 이 책에서 "저자가 무슨 말을 하든, 그가 생각한 모든 것은 마치 바그너가 눈앞에 있는 것처럼, 그와 소통하면서 거기 어울리는 내용을 적은 것"임을 보게 될 거라고 말한다. 그러니까 이 책은 순수한 고전 문헌학의 주제를 넘어 바그너와의 소통을 염두에 두고, 당대의 독일 음악, 특히 바그너 음악과 그 미래를 생각하면서 고대 그리스 비극의 탄생을 다루었다는 고백인 셈이다.

16년이 지나 사상적으로 훨씬 성숙해지고, 자기만의 문체(文體)를 이미 확보한 니체는 〈자기비판의 시도〉에서 책의 전체 의도를 훨씬 더 명료하게 설명한다. 우선 그는 독일의 고전주의자들—괴테, 실러, 빙켈만 등등—사이에 널리 퍼져 있던 고대 그리스인의 '명랑함(Heiterkeit)'이라는 생각에 대해 근본적인 의문을 제기하면서, 그보다는 고대 그리스인의 원래 기질이 비관주의(Pessimismus)가 아니었을까, 하고 묻는다. 여기서 비관주의는 당연히 그리스 비극의 내용과 직접 연결된다.

특히 그는 비관주의가 몰락이나 하강, 또는 노쇠의 표지가 아니라 오히려 젊음과 강인함의 표지라고 말한다. 그래서 더 건강하던 시절 젊은 그리스 민족은 근원적 비관주의를 견디며 삶의 비참함을 비극 작품으로 승화시켰다. 이런 젊음의 힘이 시들어가고 그리스 민족이 쇠약해졌을 때, 곧 소크라테스의 시대에 이르러 비극은 "도덕이라는 소크라테스 정신(der Sokratismus der Moral)"에 부딪혀 소멸하고, 동시에 그리스인은 명랑함을 좋아하게 되었다는 것이다(즉 도덕이 비극 예술을 죽였다).

그렇다면 비관주의가 젊음의 표지고, 명랑함은 오히려 노쇠함의 표지가 아닌가? 이는 매우 놀랍고도 흥미로운 질문이다. 심리학적인 질문으로, 어쩌면 우리 자신에게 해볼 수 있는 질문이기도 하다. 사람이 나이가 들면 아무리 건강하다고 해도 비관주의를 견디기 힘들어하지 않던가?

도덕이란 무엇인가?

이어서 이 책의 또 다른 어려운 질문, 즉 '도덕(Moral)'이란 무엇인가에 대한 성찰이 나타난다. 도덕은 삶의 부조리와 비극성에 맞선다. 도덕은 (진지한 삶이 아니라 환상을 좇는) 예술을 거짓의 왕국으로 쫓아 보내고, 미적인 세계 해석에 저항한다. 즉 도덕이라는 소크라테스 정신이 (플라톤의 《국가》에서) 예술을 거짓으로 여겨 추방하려 한다는 말이다. 특히 《비극의 탄생》에서 설명되는 것 같은 순수하게 미적인 세계 해석 또는 정당화에 가장 대립하는 것은 도덕을 앞에 내세운 기독교 교리다. 기독교 교리는 오직 도덕적일 뿐이고, 도덕적이고자 하며, (기독교) 신의 참됨을 내세워 모든 예술을 거짓의 왕국으로 쫓아내면서 예술을 거부하고 저주하며 형벌을 내린다.

니체는 예술에 적대적인 이런 사고방식과 가치 평가의 뒤에는 "삶을 향한 적대감, 삶 자체에 대해 원한이 뒤섞인, 복수욕에 사로잡힌 적대감"이 숨어 있다고 느꼈다. 기독교의 의지(意志)는 세상을 증오하고 감정을 저주하며, 아름다움과 감각성을 두려워하고 종말을 그리워하면서 오로지 도덕적 가치만을 내세운단다. 이런 도덕 앞에서 삶은 부당함이 될 수밖에 없다. "삶이란 본질적으로 부도덕한 것이기 때문"이다. 그러면서 니체는 반(反)기독교적이고 순수하게 예술적인 가치를 발명했는데, 그것을 (언어를 다루는 문헌학자의 자유로) "디오니소스적인 것"이라고 명명했다고 말한다.*

니체는 〈자기비판의 시도〉에서 젊은 날 책을 쓸 때 자신이 가졌던 사유의 내용을 오류로 여겨 취소하거나 되돌리지 않는다. 다만 그런 사유를 자기만의 언어로 서술할 용기를 갖

---

* 그리스 비극 공연은 원래 고대 아테네의 디오니소스 제전(祭典)에서 핵심 이벤트였으므로, 여기서 디오니소스(바쿠스)라는 이름이 나오는 것은 당연한 일이다. 《비극의 탄생》에서 니체가 생각하는 디오니소스는, 티탄들에 의해 사지가 갈가리 찢겨 죽었다가 부활한 신이다. 아버지 제우스는 그의 시신을 그러모아 아폴론에게 내주며 델포이에 묻으라고 명령한다. 이렇게 죽은 디오니소스는 뒷날 제우스의 아들로 다시 태어난다. 따라서 디오니소스의 부활 과정에 아폴론이 관여한다. 디오니소스의 죽음과 부활은 포도주가 만들어지는 과정을 생각하면 이해하기 쉽다. 포도가 으깨져서 발효되어야 포도주가 만들어진다. 디오니소스는, 죽음을 통과하는 무시무시한 고통을 술에 취한 광란의 춤과 노래로 바꾸는 신이다. 고대 세계에서 디오니소스의 신도들은 술에 취해 광란의 축제를 벌이곤 했다. 원래 소아시아(오늘날 튀르키예) 지역에서 무분별하게 벌어지던 이런 광란의 축제는, 고대 아테네를 둘러싼 아티카 지역에서 위대한 그리스 비극의 축제로 승화되었다.

지 못했던 것을 후회한다. "칸트와 쇼펜하우어의 정신과 그들의 취향에 근본적으로 대립하는 가치관"을 그들의 공식(公式)과 언어를 동원해 표현하려 했던 오류를 후회하는 것이다. 그러면서 쇼펜하우어의 말을 직접 인용해 그를 비판한다. 쇼펜하우어의 말에 따르면 "(비극은) 세계와 삶이 우리에게 올바른 만족감을 줄 수 없으며, 따라서 우리의 애착에 어울릴 만한 가치를 갖지 못한다는 인식을 일깨운다. 그에 따라 체념으로 이끌어가는 것이 비극의 정신이다". 하지만 니체 자신의 디오니소스는 이에 대해 전혀 다르게 말한단다.

세계와 삶을 비관적으로 인식한다는 점은 같지만, 쇼펜하우어가 거기서 끌어낸 체념적인 결론은 뒷날의 니체 사상과는 정반대가 된다. 즉 삶이 비록 비관적인 바탕 위에 놓인 것이긴 해도 니체의 정신은 체념하지 않고 삶을 적극적으로 긍정한다. 다만 젊은 날 자신이 이런 복잡한 논의에다가 독일의 음악까지 끌어들이는 바람에 책을 망쳤다고 스스로를 비판한다.

이 글에서 니체는, 《비극의 탄생》을 쓰고 나서 16년 뒤에는 이미 바그너의 정신뿐만 아니라 쇼펜하우어와 칸트의 관점까지도 극복하고 자기만의 세계를 확립했다는 사실을 분명히 밝히고 있다.

디오니소스적 괴물 차라투스트라

성숙한 니체는 그사이 자신이 창조한 "디오니소스적 괴물"인 차라투스트라의 입을 빌려 결론을 말한다. (삶이 아무리 괴롭다 해도) 춤을 추고 웃어라! 그리고 날아가라. 그리고 "너희 더 높은 인간들아, 내게서 웃는 법을 배워라!".

즉 삶이 즐겁고 아름다워서가 아니라, 삶은 예나 지금이나 비참하고 부도덕하며 비관주의에나 어울리지만 "그럼에도 웃어라. 그리고 삶을 부정하지 말고 긍정하라. 땅과 삶을 사랑하라"라고 한다.

서문으로서는 길어도, 전체적으로 짧은 〈자기비판의 시도〉는 니체의 철학 사상 전체를 아주 잘 요약해 들려준다. 여기 나타나는 반(反)기독교 관점과 반도덕론이라는 니체 사상의 방향성이야말로 니체와 바그너를 궁극적으로 멀어지게 만든 점이었다. 젊은 날 니체가 바그너와 함께 열광하던 쇼펜하우어 비관주의의 체념적 결론에 대해서도 성숙한 니체는 뚜렷하게 반기를 들고 있다. 돌이켜보면 《비극의 탄생》을 쓰던 시절에 이미 그는 "디오니소스적인 것"의 개념을 만들어내고 그로써 도덕이 아니라 삶을 지향하는 자신의 방향성을 예고했던 것이니, 시간이 흐르면서 점차 그것은 밖으로 분명히 드러날 수밖에 없었다.

고별의 시간,
독립과 자유를 향하다

바그너 가족의 이주

《비극의 탄생》이 학계에서 큰 실패를 겪으면서 니체는 상당한 고립감을 느꼈다. 바그너가 그를 옹호하는 글을 신문에 발표하기는 했지만 그다지 큰 위로가 되지는 않았다. 그 사이 바그너는 거의 26년을 끌어오던 대작 《반지》 시리즈를 마침내 거의 완성했다. 네 작품으로 구성된 이 초대형 시리즈물은 나흘 밤에 걸쳐 공연되는데, 첫 번째 작품인 〈라인의 황금〉만 공연 시간이 두 시간 남짓이고, 나머지 세 작품은 모조리 공연 시간이 네 시간 이상인 대규모 작품이다.

그런 탓에 긴 창작 기간에 걸쳐 작품 창작 말고도 바그너를 괴롭힌 또 다른 근본적인 문제는, 공연 장소에 대한 의문이었다. 19세기 후반에 오페라가 아무리 인기 있었다고 해도, 이렇듯 거대한 작품 네 편을 연달아(보통 이삼일 간격으로) 공연할 장소를 찾기는 어려웠다. 그래서 바그너는 일종의 가설무대를 마련해 공연하면 어떨까? 하는 생각도 했지만, 그러다 결국은 아예 작품의 창작 자체를 포기했었다. 다행히도 루드비히 왕을 만난 뒤로 왕의 격려와 재정적 후원을 받으며 창작 의욕과 함께 극장 건설의 희망도 되살아났다.

왕은 바그너를 위해 뮌헨에 《반지》와 다른 작품의 공연을 위한 전용 극장을 지어줄 생각도 했었다. 왕과 예술가는 터를 마련하고 건축가를 고용해 설계도를 만드는 등의 많은 준비를 했지만, 비용이 엄청난 데다 툭하면 정치적인 일에도 끼어드는 예술가를 좋아하지 않던 신하들과의 갈등 탓에, 게다가 코지마와 바그너의 비밀 관계까지 드러나 엄청난 물의를 빚은 탓에 바그너가 밀려나면서 뮌헨에서의 극장 건설 계획은 물거품이 되고 말았다.

하지만 왕의 후원 속에 다시 《반지》의 작곡을 이어가면서, 바그너는 극장 건설을 위한 적당한 장소를 이리저리 물색했다. 1871년 봄에 그는 독일의 자그마한 도시 바이로이트에 처음으로 들렀고, 곧이어 자기 작품, 특히 《반지》 공연을 위한 일종의 전용 극장을 바이로이트에 지을 것이라 공표했다. 그리고 바그너 가족은 1872년 4월에 트립셴을 떠나 바이로이트로 이주한다.

이제 《반지》의 창작이 아니라 이미 완성된 작품을 무대에서 실현하기 위해 노력할 시간이 다가온 것이다. 바이로이트에서 극장 건설을 위한 첫 삽을 뜨고(기공식), 바그너와 코지마는 건설을 위해 갖은 노력을 다하지만, 경비 문제로 적지 않은 고뇌의 시간을 보내게 된다. 루드비히 왕이 상당한 금액을 지원했지만, 그것만으로는 턱없이 부족했다.

니체는 1872년 4월 25~27일 사흘 동안 마지막으로 트립셴에 머물렀다. 바그너는 이미 바이로이트로 떠났고, 코지마와 가족들만 남아 (물론 언제나 그렇듯 하인들과 함께) 이삿짐을 싸는 중이었고, 니체는 코지마를 도와서 바그너의 책, 편지, 원고 등을 꾸리는 일을 맡았다. 그의 마지막 트립셴 방문이었다. 이어서 5월 22일 바이로이트의 축제 극장 기공식에도 참석했다.

너무 다른 관심사

1872년 바그너 일가는 바이로이트로 이주하고 니체의《비극의 탄생》이 참혹한 실패를 겪으면서 바그너와 니체 사이에는, 물리적으로만이 아니라 내면적으로도 거리감이 생겨나 차츰 커지기 시작했다. 이런 거리감은 주로 니체의 내면에서 생긴 것이었다. 생각해보면 당연한 일이다. 바그너와 코지마는 축제 극장 건설 문제로 눈코 뜰 새 없이 바쁜 시간을 보내고 있었고, 문헌학계에서 실패를 겪는 니체를 위해 그들이 실질적으로 해줄 수 있는 일도 거의 없었다.

바그너는 방금 생애 최고 업적이 되는 대작을 완성하고,

그 실현을 위해 애쓰는 세계적인 예술가였다. 극장이 완성되고 1876년 여름에 이루어진 제1회 바이로이트 축제에는 통일된 독일제국의 황제와 총리는 물론 다른 나라의 정상들도 잔뜩 찾아오게 된다. 하지만 트립셴을 떠나 이런 절정과 영광을 향하는 도중에 있던 바그너와 코지마는 온갖 돈 고민과 자질구레한 일을 해결해야만 했다.

그에 비해 니체는 막 첫 책을 내고 참담한 결과를 맛보는 젊은(27세) 학자에 지나지 않았다. 그는 이 책 이후로 문헌학 관련 저술을 거의 중단하고, 다른 쪽으로 관심을 돌린다. 시대를 비판하는 글을 쓰고 자기만의 길을 찾으면서 동시에 자기만의 언어를 찾기 위한 노력도 계속한다. 하지만 그가 바이로이트에서 다시 만난 바그너와 코지마는 극장 건설이라는 현실적인 문제에 붙들려 전처럼 니체와 함께 순수하게 미학적·철학적인 사색과 대화에 잠길 수 없었다. 니체는 그것을 금방 알아차렸다.

바그너가 바이로이트로 떠난 첫해인 1872년 크리스마스 때 니체는 바이로이트의 초대를 거절하고, 독일 나움부르크의 어머니 집에서 보냈다. 트립셴에서는 없었던 일이니 바그너는 실망하고 화를 냈다. 말은 친구라지만, 실은 집안의 큰아들 같은 위치에 있는 니체가 크리스마스 명절에 집에 오지 않으니 당연한 반응이었다.

1873년부터는 니체의 건강이 본격적으로 나빠지면서, 차츰 건강 문제가 그의 생존에서 가장 괴로운 문제가 되기 시작했다. 두 사람 사이에 점점 틈이 벌어지던 시기에 니체는 '시대에 안 맞는 관찰(Unzeitgemäße Betrachtungen)'(1873~1876)이라는 제목으로, 서로 다른 주제의 글 네 편을 따로따로 출판했는데, 그중 네 번째 글이 〈바이로이트의 리하르트 바그너〉다.

이 글은 1876년 제1회 바이로이트 축제를 앞두고 급히 마무리된, 일종의 축사(祝辭) 성격의 글이다. 여기서 전체적으로는 바그너의 작품을 찬양하고 있지만, 전에는 볼 수 없던 몇 가지 비판이 슬그머니 끼어들었다.

시인이며 언어 조각가인 바그너에 대해 깊이 생각하는 사람이 무엇보다 잊으면 안 되는 점은, 바그너 희곡의 그 어느 것도 읽히기 위한 글이 아니므로, 흔히 언어 연극에 내놓는 요구들로 그것을 괴롭혀서는 안 된다는 사실이다(즉 언어 연극의 관점에서 보면 부족한 점이 있다).

문필가로서의 바그너는 오른손이 망가져서 왼손으로 글을 쓰려고 애쓰는 용감한 사람의 무리함을 보인다. (……) 그의 글은 규범적 요소, 엄격함을 전혀 갖지 못하지만, [오페라] 작품들에는 규범이 들어 있다.

이는 모두 맞는 말이다. 그리고 이 글 전체를 맺는 맨 마지막 문장도 예전과는 완전히 달라진 니체의 눈길을 보여준다. 여기서 그는 바그너가 도이치 민족에게 어떤 존재인가를 묻고는, 다음과 같은 비판적인 답을 한다.

그가 우리 모두에게 될 수 없는 것, 즉 미래의 예언자는 아니고 — 아마 그 자신은 그렇게 보이고 싶겠으나 — 과거를 해석하고 승화시키는 사람이다.

멀어짐과 소렌토의 마지막 만남

니체는 차츰 실질적으로 바그너 일가에게서 멀어지고 있었다. 그는 바그너 부부의 초대를 받아 1874년 8월에 누이동생과 함께 바이로이트를 방문해서 그들을 기쁘게 했다. 하지만 이때도 브람스의 악보를 사서 들고 가는 바람에 브람스를 못마땅하게 여기던 바그너를 진짜로 화나게 만들었다. 예민하고 마음 상하기 쉬운 두 사람이 이 일로 정면충돌했다. 그런 다음 니체는 바이로이트를 멀리하다가 1876년 7월 제1회 축제극 총연습 때에야 바이로이트를 다시 방문했으니, 거의 2년 만에 두 사람은 다시 만났다.

그동안에도 드물긴 해도 편지 왕래가 이어졌고, 특히 바그너와 코지마는 니체를 위해 여러모로 신경을 썼다. 바그너는 니체의 건강 상태를 염려하면서 "부유한 여자와 결혼하면 어떤가?"라는 충고를 편지에 써 보내기도 했다. 바그너의 집에는 여전히 그를 위한 방이 마련되어 있었지만, 니체는 나타나지 않았다. 그러면서도 1875년 8월 친구인 로데에게 보낸 편지에서 이렇게 말한다. "나는 바이로이트에 가지 않아. (……) 이해할 수 없는 일은, 그런데도 머릿속으로는 하루의 4분의 3 이상이 거기에 있고, 마치 유령처럼 바이로이트 주변을 빙빙 돌고 있다는 점이야."

니체의 〈바이로이트의 리하르트 바그너〉에 대해 바그너는 아무 반응도 하지 않았다. 너무 바빠서 책을 훑어만 보았는지 은밀한 비판을 제대로 알아채지도 못한 것이다. 1876년 바이로이트 축제에 참석하기 위해 여동생과 함께 방문한 니체는 축제극 총연습이 미처 시작되기도 전에 바이로이트에 여동생만 남기고 바이에른의 숲으로 도망쳤다. 그곳에서 다음 작품인 《인간적인, 너무나 인간적인》을 쓰기 시작했다. 열흘 뒤에 여동생의 애원으로 바이로이트로 돌아와 첫 작품 〈라인의 황금〉 공연을 보기는 했지만, 그곳에 계속 머물면서도 나머지 공연에는 참석하지 않았다. 물론 건강이 안 좋아서였다. 하지만 그것만이 전부는 아니었다.

바그너가 삶의 절정에 도달한 이 기간에 니체는 내면에서 바그너와의 완전한 결별을 고하고 있었다. 그들의 세계는 너무 달랐다. 니체는 확고한 자기만의 길을 찾아내 그 길을 계속 걸으면서, 바그너의 음악이 아무리 좋아도 그의 세계관이 자신의 것과는 전혀 다른 것임을 깨닫지 않을 수 없었다. 그는 자기 생애의 가장 어려운 문제가 바그너와 연관되어 있다는 사실을 분명하게 깨달았다. 죽을 때까지 이 문제를 계속 풀어나가야 할 참이었다.

그해 가을 니체와 바그너는 우연히 이탈리아의 소렌토에서 마지막으로 만났다. 니체는 당대의 유명한 여성 작가로서 열렬한 바그너 숭배자이며 그에게는 어머니뻘 친구인 말비다 폰 마이젠부크(Malwida von Meysenbug, 1816~1903) 여사의 초대로 소렌토에 있는 그녀의 별장에 오래 머물고 있었다. 그의 건강이 몹시 안 좋다는 소식을 듣고 그녀가 이곳에서 휴식을 취하며 건강을 회복하라고 초대했는데, 니체는 역시 휴양이 필요한 철학자 친구 파울 레(Paul Rée, 1849~1901)와 또 다른 친구를 데려가도 되는지 물었다. 부유하고 너그러운 후원자인 말비다 여사는 기꺼이 이 젊은 학자들을 모두 손님으로 맞아들였다.

여름철 제1회 바이로이트 축제를 무사히 마친 바그너 일가도 10월 초에 소렌토로 휴가를 보내러 왔다. 그들은 오늘날에도 바닷가 암벽 위에서 바다를 굽어보며 위풍당당하게 소렌토만(灣)을 지배하고 있는 막강한 비토리아(그랜드 호텔 엑셀시어 비토리아) 호텔에서 지내며, 말비다 여사와 그녀의 젊은 친구들과도 자주 어울렸다.

어느 날 저녁 바그너와 니체가 소렌토의 바닷가를 함께 산책하고 있을 때, 바그너는 자신이 지금 작업 중인 오페라 〈파르지팔〉에 대해서, 늘 그러듯 생동하는 열광으로 말하기 시작했다. 세례식과 성찬식 등 장엄한 기독교 모티프가 잔뜩 등장하는 이 작품을 위해 자기가 얼마나 진지하게 작업하는 중인지 설명했다. 얼음 같은 침묵에 잠겨 들던 니체는 갑자기 실례한다고 말하고는 어둠 속으로 사라져버렸다. 이것이 두 사람이 지상에서 만난 마지막 순간이었다.

대립하는 두 세계,
〈파르지팔〉 대 《인간적인, 너무나 인간적인》

그런 다음에도 니체의 속마음을 제대로 알지 못하던 바그너는 1878년 1월에 방금 인쇄되어 나온 〈파르지팔〉 대본집 한 권을 별다른 악의도 없이 니체에게 보냈다. 1877년 여름에 대본을 완성하고, 9월부터 작곡을 시작한 그의 마지막 작품이었다. 그러자 니체는 그 답례로, 바이로이트 축제에서 도주했을 때 쓰기 시작해 1878년 5월에 완성한 자신의 책 《인간적인, 너무나 인간적인》을 보냈다. 엄청난 분량의 이 책은 니체가 질병으로 시달리면서도 집필을 중단하지 않았음을 아주 잘 보여준다.

'자유로운 정신들을 위한 책'이라는 부제가 붙은 이 책에서 니체는 새로운 출발을 한다. 이 작품으로 그는 자기가 이미 기독교의 독단론에서 벗어났고, 쇼펜하우어의 사유와 형이상학이라는 환상에서도 벗어났으며, 바그너에게서 얻은 지금까지의 미학 관찰 방식에서도 벗어났음을 확실히 보여주었다. 또한 '예술가'라는 이름으로 바그너에 대한 공격을 분명하게 드러냈다. 이번에는 바그너도 자신을 향한 공격을 못 알아볼 수가 없었다.

바그너는 《바이로이트 블레터》 8월호에 니체의 견해에

대한 조롱 섞인 비판을 암시하는 정도의 반응만 보이고는 극히 조용히 물러났다. 나이 든 대가(大家)는 매우 온건한 태도를 보이며, 젊은 니체를 공격하는 일을 자제했다. 반항적인 아들을 떠나보내는 많은 아버지가 그러듯 바그너도 자신의 분노를 조용히 삼킨 것이다. 이후 코지마는 바그너가 죽은 뒤에도 니체의 온갖 화해 시도에 대해 쌀쌀맞은 침묵을 지켰다.

정신의 세 가지 변화

이 결별은 앞으로 새로운 가치의 '창조자(der Schaffende)'가 되려는 니체로서는 피할 수 없는 과정이었다. 그는 더 이상 위대한 예술가 바그너의 그늘 속에 머물러 있을 수 없었다. 기존 가치를 파괴하고서야 새로운 가치를 창조할 수 있다는 그의 사상에서 바라보면 바그너는—음악에서는 엄청난 혁신을 이루었지만—기존 가치를 대변하는 사람이었다. 니체는 기독교 세계관을 파괴하고 "신은 죽었다"라고 외치면서 새로운 "삶의 철학"을 선포하려는 참이었다. 마치 자신의 짧은 창작 기간을 예감이라도 한 듯 언제나 빠른 속도로 작업하고, 또한 빠르게 변화와 발전을 거듭한 니체로서는 조금도 머뭇거릴 여유가 없었다.

그의 사상은 그의 삶과 가장 깊이 연결되어 있다. 그 자신은 이렇게 말한다. "나는 언제나 내 온몸과 생명으로 글을 썼다." 그래서 니체의 사상이 겪는 변화들은 그의 실존의 단계들이기도 하다.• 그가 "새로운 가치의 창조자"들을 위해

• 《철학의 뒷계단》, 479쪽.

남긴 위대한 책《차라투스트라》에서 〈차라투스트라의 머리말〉이 끝나고 가장 먼저 등장하는 장의 제목은 '세 가지 변화에 대해'다. 여기서 차라투스트라는 다음과 같이 말을 시작한다.

너희에게 정신의 세 가지 변화를 말하겠다. 어떻게 정신이 낙타가 되고, 낙타는 사자가 되고, 마지막에 사자는 어린이가 되는지를.

정신의 발전 단계를 뜻하는 이 세 변화를 빌헬름 바이셰델은 다음과 같이 요약한다. 바이셰델의 요약을 니체의 생애 및 작업과 합쳐보자.

낙타

니체가 걸어간 정신의 길은 지금까지 전해지는 과거의 문화적 생산품 모두에 대한 존경심으로 시작한다. "첫 번째 단계: 다른 누구보다도 더 잘 존경하기(그리고 복종하고 배우기). 존경할 만한 모든 것을 자기 안에 모아 그들이 서로 다투게 하기. 모든 무거운 것을 짊어지기."•

• 같은 책, 480쪽.

니체는 고전어, 고전 문헌학, 칸트와 쇼펜하우어 철학, 그리고 바그너의 음악과 미학 이론까지 모든 것을 착실하게 습득하고 존경했다. 이 단계에서 그가 쓴 것은 《비극의 탄생》, 여기서 그는 칸트와 쇼펜하우어 방식의 언어를 따라가려고 애썼다.

사자

"두 번째 단계: 가장 확고하게 묶여 있을 때 존경하는 마음을 때려 부수기. 자유로운 정신. 독립심. 사막의 시대. 존경받는 모든 것을 비판."•

이것은 "자유로운 정신"이 할 일이다. 이런 자유를 얻기 위해서 정신은 낙타로 머물러서는 안 되고, 사자가 되어 그동안 자기가 존경해오던 것들을 때려 부수고 자기만의 길을 걸어갈 자유를 쟁취해야 한다. 《차라투스트라》에서 주인공은 이렇게 말한다.

무엇으로부터의 자유인가? 그건 차라투스트라의 관심사가 아니다! 하지만 너의 눈은 내게 분명히 고해야 한다. 무엇을 위한 자유

• 같은 책, 482쪽.

인가?

-'창조하는 자의 길에 대해'

창조자의 길을 가려는 자가 먼저 해야 할 일은 그동안, 그리고 지금도 지배적인 위치에 있는 가치들을 용감하게 부수고 거기서 벗어날 용기를 갖는 것이다. 즉 사자의 용기가 필요하다. 이런 투쟁과 비판의 단계에서 니체가 쓴 책들은 《인간적인, 너무나 인간적인》, 이어서 《여명》, 그리고 《즐거운 학문》이다.

이 저서들에서 그는 자기 시대의 중요한 가치들을 통렬히 꼬집고, 기독교는 물론 쇼펜하우어, 형이상학(칸트가 요약한), 바그너에 대해서도 비판한다. 《즐거운 학문》은 거의 《차라투스트라》를 위한 서곡과도 같은 작품이다. 물론 그의 파괴는 비판을 위한 비판이 아니라 새로운 가치의 창조를 위한 전(前) 단계이기에, 이 단계에서 이미 새로운 가치들도 점차 모습을 드러낸다.

이 단계에서 그는 차츰 자기만의 문체를 발전시켰다. 특히 《즐거운 학문》은 《차라투스트라》와 매우 비슷한 경구 방식의 문체를 보여주고 있다.

어린이

"세 번째 단계: 위대한 결정, 긍정적 입장을 위해, '예'라고 말하기 위해 쓸모 있는가를 결정하기. 내 머리 위에는 이제 어떤 신도 어떤 인간도 없다! 자기가 무엇을 하려는지 아는 창조하는 사람의 위대한 본능. 큰 책임감과 무죄함"(바이셰델).

이 단계에서 나온 것이 《차라투스트라》다. 차라투스트라는 무엇보다도 기독교의 가치를 비판한다. 몸과 땅과 삶을 거부하고 신만을 향하는, 저승과 하강, 정신과 영혼만 지향하는 기독교 가치에 반기를 든다. 이런 기독교 방식의 도덕 말고, 삶과 땅을 찬미하고 진실로 삶을 긍정하라는 새로운 가치가 이 책에 분명히 드러난다.

물론 여기서 니체가 말하는 몸과 삶에 대한 긍정이란, 지금 이승에서 내 몸의 안락과 복지를 얻으려 애쓰라는 말이 아니다. 신을 잃어버린 인간은 이제 스스로 신이 되어야 한다. 즉 더 큰 발전을 향해 나아가야 한다. 미래의 인간인 '인간너머(Übermensch)'가 지상에 나타나도록 길을 닦고, 그러기 위해 너 자신을 기꺼이 희생하며 몰락하라. 너의 안락을 통째로 버려라!

여기서 우리의 주목을 가장 많이 끄는 것은 니체의 문체다. 비꼬기를 잔뜩 담고 있는 간결한 경구(아포리즘) 방식의 문장, 그의 말을 빌리자면 걷지 않고 춤추며 날아가는 경쾌한 문장이다. 물론 거기 감추어진 무수한 비꼬기를 잘 알아챌 수 있어야 한다. 차라투스트라는 "봉우리에서 봉우리로 가는 길"을 선택하고 있는데, 그러려면 "다리가 길어야지. 격언은 봉우리여야 한다. 격언이 말 거는 사람은 크고, 높이 자란 자들이다"('읽기와 쓰기에 대해').

차라투스트라는 대중의 방식으로 대중에게 말하는 예언자가 아니다. 높이 성장해서 긴 다리로 산봉우리에서 다음의 산봉우리로 성큼성큼 건너가는 이런 언어를 이해하는 생각 깊은 자들에게 말하고 있다. 즉 새로운 가치의 창조자가 되고자 하는 후배들에게 말하는 선배 창조자다. 니체는 민주주의자였던 적이 없고 언제나 지적인 귀족주의, 혹은 엘리트주의자였다. 다만 그의 귀족주의는 자신의 안락과 지속을 지향하지 않고, '인간너머'의 도래를 위해 기꺼이 자신의 몰락과 하강을 바라는 특수한 사랑의 정신, 새로운 윤리였다.

제2장

'쪽빛 고독' 속에 홀로 선 작품
《차라투스트라는 이렇게 말했다》

고립의 길

니체와 결별할 때의 바그너는, 1871년 독일 통일 이후 비스마르크 시대를 대표하는 국민 예술가로서 시대의 모든 흐름과 함께하는 사람이었다. 젊어서는 혁명을 꿈꾸기도 했으나, 왕의 친구가 된 이후로 바그너는 가장 강력한 기득권 세력에 속했다. 코지마와 함께 심각한 반유대주의 사상도 지니게 된다. 반유대주의 사상은 뒷날 히틀러에게 다시 영향을 미친다.

니체는 바그너가 〈파르지팔〉에 등장하는 기독교 예배 의식을 놓고 장황하게 설명하는 것을 듣고 있을 수 없어서 소렌토의 마지막 저녁에 바그너 곁을 떠났다. 나중에 바그너가 〈파르지팔〉 대본을 보냈을 때도 그는 아마 "치명적인 모욕"을 느꼈을 것 같다. 기독교와 결별을 선언하는 니체의 사유를 바그너가 진지하게 받아들인 적이 없으니, 니체 입장에서는 바그너를 친구라고 여기기가 차츰 힘들어졌을 것이 분명하다.

하지만 동시에 니체는 자신이 고립되리라는 사실을 분명히 알고 있었다. 그래서 책의 제목으로 '시대에 맞지 않는 관찰'이라는 말을 골랐다. 이 책에서 그는 자신이 참전했던 프로이센·프랑스 전쟁에서 프로이센(독일)이 승리하고 독일제국이 출범(1871)한 뒤로, 당시 독일 사회의 분위기를 주도하던 거대한 승리감 뒤에 감추어진 큰 위험을 경고했다. "일반 여론은 전쟁이 남긴 위험하고 나쁜 결과들에 대해선 침묵을 강요하면서, 오로지 전쟁을 찬미하고 또 이런 큰 전쟁에서 승리한 도이치 문화를 찬미하는 일밖에 할 줄 모르는 글쟁이들의 글"만 환영한단다.

그러면서 니체는 대략 다음과 같이 예고한다. "큰 승리는 큰 위험이다. 인간의 본성은 승리의 쟁취보다 (승리한 다음) 그 승리가 더 무거운 패배로 바뀌지 않도록 감당하기를 더 힘들어한다." 프랑스에 맞선 전쟁에서 승리했으니 당연히 도이치 문화도 이런 전쟁의 성과에 어울리는 특별한 월계관으로 장식되어야 마땅하다는 게 일반 여론이지만, 이는 오류다. 이 승리는 완전한 패배로 바뀔 수도 있다. '독일제국'을 위해 독일 정신을 수술하는 사태가 올 수도 있기 때문이다.

니체가 내놓은 이런 경고는 20세기에 제1차 세계대전과 히틀러가 일으킨 제2차 세계대전까지 차례로 겪고 나서야 비로소 올바른 것이었음이 드러난다. 하지만 승리감에 도취한 시대에 그의 경고하는 목소리는 거의 아무런 반향도 없이 사라졌다. 새로운 제국이 출발하기 전부터 이미 시대의 조류에 제대로 올라탄 바그너를 향한 비판도 마찬가지였다. 그러니까 니체는, 생애 절정에 도달한 예술가 바그너를 비판하며 그에게서 멀어져간 것이다. 사람들은 보통은 그렇게 하지 않는다. 오히려 바그너에게 빌붙으려는 사람이 얼마나 많았으랴!

건강을 잃고 교수직도 내려놓으면서 니체의 고립은 점점 깊어졌다. 그렇다고 그가 자신의 시대 관찰이나 사유를 바꿀 리는 없었고, 그는 오히려 공격의 강도를 더욱 높여갔다. 시대의 가치관을 수정하는 정도가 아니라 기존의 가치를 아예 뒤집어엎고 새로운 가치를 세우려는 방향을 잡고 있었다. 이런 (시대의) 가치 뒤집기는 뒷날 《차라투스트라》에서 완전히 드러난다. 시대의 주류를 거스르는 니체의 글은 차츰 사람들의 마음을 붙잡았고, 당대의 많은 이가 그를 기묘한 괴짜 변덕쟁이라 여겼지만, 차츰 그의 명성도 높아지고 있었다.

1875년에는 온전히 그의 글에 매료된 젊은 음악가 페터 가스트가 니체를 만나러 바젤로 왔다. 그는 유난히 아름다운 필체를 가지고 있었기에, 눈이 나쁜 니체를 위해 원고를 정서하거나 때로는 아예 니체가 불러주는 것을 받아 적어서 꼭 필요한 도움을 줄 수도 있었다. 그는 니체 곁에 마지막까지 남는다.

결혼 생각

니체는 건강이 아직 너무 나빠지지 않았을 때, 전에 바그너가 권고한 대로 안정된 생활을 위해 잠깐 결혼을 생각하기도 했다. 하지만 여성과 제대로 교제하거나 나아가 청혼하기에는 지나치게 수줍음이 많았다. 그래도 한번은 제네바에서 만나 네 시간 동안 함께 산책하며 이야기를 나눈 네덜란드 아가씨에게 구혼 편지를 보낸 적도 있었다. 다만 그 자신이 제네바를 떠나기 전날 저녁에야 보냈다. 자기는 다음 날 오전 11시 급행열차로 바젤에 돌아가야 하는데, 혹시 빨리 결정할 수 있다면, 내일 오전 10시까지 자기가 묵는 호텔로 답신을 보내달라는 내용이었다. 이런 터무니없는 구혼 편지에 그녀가 아무런 답도 하지 않은 게 전혀 이상하지 않다.

1876년 소렌토에 머물 때도 말비다 여사는 건강이 안 좋은 니체에게 "훌륭하지만 부자인" 여자와 결혼하라고 강력히 권했다. 두 사람은 농담하듯이 이런 말을 하며 웃어댔지만, 니체는 그것이 "비현실적인" 이야기라고 적었다.

니체가 바젤에서 교수 노릇을 할 때도 그렇고, 니체의 건강이 점점 나빠져갈 때도 그를 돌본 사람은 그나마 누이동생 엘리자베트였다. 다만 그녀는 나움부르크의 늙은 어머니도 보살펴야 했으므로 항상 그의 곁에 있을 수는 없었다. 니체는 친구들 곁에서, 혹은 홀로 여러 날씩 침대에 앓아눕곤 했다.

1879년 초, 건강이 몹시 나빠진 니체는 5월에 대학에 사직서를 제출했고, 6주 뒤에는 그것이 수리되었다. 중간에 여러 어려움이 있었는데도 니체의 업적이 높이 평가된 덕분에 연 3000프랑의 연금을 받을 수 있었다. 소박한 생활을 근근이 꾸려갈 만한 액수였다. 6월 말에 그는 엥가딘, 그가 부르던 이름으로는 실스마리아 지역으로 갔다. 편지로 보면 (엥가딘 근처) 장크트모리츠가 그의 마음에 들었지만, 머지않아 그는 도로 앓아누웠다. 이때 벌써 그는 "병이 나으리라는 생각이 들지 않는다"라고 말하고 있다.

그 뒤로 그는 여름철이면 자주 엥가딘에 머물면서, 어디서나 그러듯 가능할 때마다 늘 글을 썼다. 10년에 걸친 떠돌이 글쟁이의 삶이었다.

바젤도 그렇지만 실스마리아에서 니체의 흔적을 찾아보기는 어렵다. 무척 아름다운 설산과 호수 풍경, 맑은 공기가 한없이 마음을 잡아끌 뿐이다. 두 해 연속 문을 닫은 실스마리아의 니체 하우스 뜰에서 차라투스트라의 상징 동물인 독수리와 뱀 조형물을 만났다. 들판과 숲길 여기저기서 자주 만날 수 있던 용담꽃과 민들레, 관광 철이 아니어서 사람 없이 조용한 실바플라나 호숫가의 적막함에 거듭 마음이 끌렸다. 언젠가 이리로 찾아와 이 조용한 곳에 한두 달 머물며 글을 쓸 수 있다면…….

루 살로메,
니체의 짝사랑

1882년 1월, 니체는 이탈리아의 항구도시 제노바에 머물며 《즐거운 학문》의 제4권 '거룩한 1월'을 위한 헌사를 적었다. 그때 이미 그는 '영원회귀'의 사상에 도취해 있었다. 통상적인 이성(理性)으로는 이해하기 힘든 이 사상으로 자기가 영원한 명성을 얻으리라는 망상도 품었다. 이런 도취 상태에서 (변덕도 함께 작용해서) 그는 제노바를 떠나 자기가 "행복의 섬"이라 부르던 시칠리아로 갔지만, 도착했을 때는 뱃멀미로 거의 다 죽어가는 지경이었다. 간신히 회복하고 보니, 몸이 시칠리아의 무더위를 견딜 수가 없어 도로 그곳을 떠나야 했다.

이렇게 시작된 1882년(38세)은 니체의 생애에서 가장 격동하는 한 해였다. 그는 갑자기 지독한 사랑에 빠진다. 그것도 짝사랑. 어려서 일찍 아버지를 여의고 여자들에 둘러싸여 살았지만, 여자에게 몹시 서툴고, 여자를 잘 대할 줄도 몰라서 누이동생과도 자주 다투고 화해하는, 그야말로 '현실 남매'로 지냈다. 니체는 결혼의 꿈도 품기는 했으나, 여성에게 수줍은 성격 탓으로 실현할 수 없었다.

그런 그의 마음을 사로잡은 여성은 17년 연하의 루 살로메(Lou Salomé, 1861~1937)라는 독일계 러시아 아가씨로, 그 어머니가 독일인이다. 수줍은 니체가 루에게 접근할 수 있었던 것은, 오늘날의 눈으로 보아도 정말로 엉뚱한 상황과 성격의 사람들이 서로 만난 덕이었다. 소렌토에서 함께 지낸 적이 있는 말비다 폰 마이젠부크와 니체의 철학도 친구인 파울 레가 여기 다시 등장한다.

루 살로메

러시아 장군(귀족)의 딸인 루는 어려서부터 세 가지 언어를 익혔고(러시아어, 프랑스어, 도이치어) 뒷날 작가이며 정신분석가로서 이름을 남긴다. 뛰어난 미인은 아니었지만, 놀라운 지적 능력과 생동하는 매력으로 많은 사람, 특히 남성들의 눈길을 끌었다. 꾸미지 않은 얼굴, 훤칠하고 아름다운 몸매와 특별한 영혼을 지닌 여성으로서 니체, 이어서 시인 라이너 마리아 릴케(Rainer Maria Rilke, 1875~1926), 마지막으로 프로이트 등 유명한 남자들의 생애 이야기에 주요 인물로 등장한다.

엄격한 개신교 귀족 집안 출신인 그녀는 열여섯 살이던 1877년에 자기 생각에 따라 기독교를 등졌고, 아주 일찌감치 자기만의 삶을 살기로 굳게 다짐하고 단호히 실천한, 실로 드문 여성이었다. 딸을 극진히 아끼던 아버지가 별세한 다음 1880년에 루는 어머니와 함께 취리히로 와서 취리히 대학(당시 여성의 수강이 허용되던 몇 안 되는 대학교)에서 철학과 심리학, 신학 등의 강의를 들었다. 하지만 당시엔 불치병으로 여겨지던 폐결핵으로 몹시 쇠약해져서 더 이상 공부를 계속할 수 없게 되었다.

루의 어머니는 딸을 얼른 결혼시키거나 러시아로 데려갈 생각으로 딸의 옆에 꼭 붙어 있었지만, 이미 루는 당시의 관습과 어머니의 강요에 떠밀려 마음에 들지 않는 삶의 길을 선택하지 않기로 단단히 결심하고 있었다. 그녀는 잠시 공부를 쉬고 로마에 가기로 했다. 그녀를 아끼던 교수 한 사람이 당시 로마에 살던 말비다 폰 마이젠부크 여사에게 추천장을 써주었고, 루는 어머니와 함께 로마로 갔다.

이제부터 나타나는 시간과 장소와 사건은 오늘날의 눈으로도 여전히 어지럽다.

장면 1. 로마, 말비다 여사의 살롱

로마의 말비다 여사의 저택 살롱은 당시 세계의 유명한 작가, 음악가, 화가, 정치가 들이 드나들던 곳이었다. 프랑스 작가 로맹 롤랑에 따르면 그녀는 평생을 "정신의 영웅 및 거인들"과 함께 지내면서 그들을 후원한 너그러운 여성이었다. 루 살로메와는 즉시 마음이 통했지만, 그래도 말비다는 여전히 어머니 세대에 속했다.

어느 날 저녁 루가 이곳 살롱에 머물고 있을 때, 말비다가 아들처럼 아끼던 파울 레가 갑자기 나타났다. "몬테카를로의 도박장에서 돈을 몽땅 날리고, 호텔 종업원에게서 로마로 오는 기찻삯만 겨우 빌려서 오는 길"이라며, 말비다의 도움을 얻을 셈이라고 했다. 이런 극적인 등장에 루가 호기심을 보이고, 레도 창백한 얼굴의 루에게 마음이 끌려서 곧바로 그녀에게 접근했고, 함께 산책도 했다. 두 사람 모두 철학도인지라 말이 잘 통했다.

남자는 즉시 스물한 살의 젊은 아가씨에게 홀딱 반했지만, 루는 결혼할 생각이 눈곱만큼도 없었다. 열여덟 살 때 존경하던 스승인 25년 연상의 길로트 목사가 사랑을 고백하며 청혼해 오자, 그녀는 깊은 충격을 받고서 사랑이든 결혼이든 모조리 마음에서 지우고 지적인 욕구만 남겨두기로 굳게 마음먹은 것이다.

다만 루는 자신이 전부터 지녔다는 소망을 레에게 밝혔다. "두 명의 남자 친구와 함께 큰 집에 산다. 중앙은 서재 겸 도서관, 그 양쪽에 각자의 침실이 있다. 이런 집에서 세 사람은 여성과 남성 사이의 차별이 전혀 없이 연구하고 토론하는, 지적인 공동체 생활을 계속한다." 이 놀라운 꿈은 이중 결혼의 생각처럼도 보이지만, 다른 한편으로는 루가 스스로 거의 남성처럼, 적어도 지적으로 남성과 대등하다고 느끼고 있음을 보여준다.

이미 루에게 홀딱 반한 레는 그녀 곁에 붙어 있으려고 이런 그녀의 생각을 받아들였다. 그는 친구 니체 이야기를 들려줬다. 즉 니체와 함께 자기들 세 사람이 그녀가 말하는 '삼위일체(Dreieinigkeit)', 또는 우리식 '삼인방' 공동체를 이룰 수 있을 거라고 말이다. 레는 제노바에 머물던 니체에게 편지를 보냈지만, 그는 이미 시칠리아로 떠나고 없었다. 그래도 레의 두 번째 편지를 받은 니체는 이 러시아 아가씨에게 관심이 생겼다.

1882년 4월, 시칠리아를 떠난 니체가 로마에 도착했고, 그도 곧바로 루에게 마음을 빼앗겼다. 니체와 루는 여러 가지 공통점이 있었다. 둘 다 기독교에 등을 돌렸고, 병들었고, "자유로운 정신"을 찬양하고 있었다. 하지만 멍청한 니체는 자기가 루에게 직접 청혼하지도 못하고, 친구 레가 이미 루에게 홀딱 반해 있다는 것도 제대로 알아채지 못한 채 그에게 자신을 대신해 청혼의 말을 전해달라고 부탁했다. 물론 성과는 없었다. 그녀는 두 남자와 대등한 우정을 원했다.

니체 역시 그녀 곁에 있으려면 그녀의 '삼위일체' 계획에 동의하는 수밖에 없었다. 노총각 둘이 이제 스무 살을 갓 넘긴 젊은 아가씨를 두고 이런 소동을 벌이면서, 둘 사이의 질투심과 경쟁심은 이루 말할 수 없이 커졌다. 그들은 상대방이 루와 단둘이 있지 못하도록 서로를 감시하고 지키느라 있는 힘을 다했다.

장면 2. 오르타의 몬테사크로 언덕, 두 사람은 입맞춤도 했을까?

1882년 5월 초순, 루와 어머니가 로마를 떠나자, 니체와 레도 하루 뒤에 그들을 뒤따라가 밀라노에서 다시 만났다. 하루는 루의 어머니까지 모두 함께 북부 이탈리아의 아름다운 호수인 오르타(Orta) 호수로 가서, 먼저 산줄리오섬을 구경했다.

니체와 루는 이곳 분위기를 조금 더 맛보고 싶었다. 전에 이미 와본 적이 있는 살로메 부인(어머니)과 레는 호반에 남고 두 사람만 몬테사크로(Montesacro, 聖山) 언덕으로 올라갔다. 니체가 힘들게 얻은 둘만의 순간, 오랜 역사를 지닌 몬테사크로 교회 언덕에서 두 사람은 생각보다 더 오래 머물렀다. 그 뒤로 오랫동안 니체는 "오르타에서의 루는 전혀 다른 사람이었다"라고 회상한다.

이를 두고 여러 추측이 있지만, 대낮에 관광지에서 마음 통하는 남녀 단둘이 조금 긴 시간을 보내고는, 니체처럼 경험이 부족한 사내가 멋대로의 망상을 펼쳤을 가능성도 얼마든지 있다. 어쨌든 루는 어머니와 레로부터 무분별하게 행동했다고 심한 질책을 들었다.

장면 3. 루체른, '삼위일체' 기념사진

이어서 며칠 뒤 니체와 루는 루체른 '빈사의 사자상' 앞에서 다시 만났다. 니체가 서둘러 다시 청혼했으나 깔끔하게 거절당했다. 뒤이어 레도 등장. 루는 러시아로 돌아가자는 어머니에게 맞서며, 앞으로 1년만 이 박식한 아저씨들과 함께 지낸다면 정신적으로 엄청난 성장을 경험할 거라는 꿈을 품었다. 세 사람은 루체른에서 '삼위일체' 공동체에 다시 합의했다.

니체의 주장에 따라 기념사진을 찍기로 하고, 당시 유명한 사진사 보네(Bonnet)의 스튜디오로 가서 연출된 사진을 찍었다. 스튜디오에 비치된 소도구인 수레를 이용해 니체가 연출한 것이었다. 수레 위로 올라가 무릎을 꿇은 루가 한 손에는 두 사내의 팔을 묶은 끈을 고삐처럼 잡고, 다른 손엔 막대 채찍을 든 장면이었다. 이것이 오늘날까지 남은 저 유명

니체가 연출한 '삼위일체' 기념사진.
21세의 젊은 아가씨가 채찍을 들고
38세와 33세 아저씨 구혼자들이 수레를 끌고 있다(제일 오른쪽이 니체).
《차라투스트라》 제1부 제18장, 늙은 여자가 차라투스트라에게 충고하는 말,
"여자들한테로 가느냐? 채찍을 잊지 마라!"라는 말과 대비하면 심각한 아이러니,
여기서 루에게 억지로 채찍을 들게 한 사람이 니체이기 때문이다.

한 '삼위일체'의 모습이다.

장면 4. 니체, 여동생의 이름으로 루를 초대

루와 어머니는 취리히로, 니체는 어머니가 있는 나움부르크로, 레도 자기 고향인 슈티베로 각기 흩어졌다. 몇 주가 지나는 사이 살로메 부인은 딸의 고집을 꺾지 못하고 자신만 러시아로 돌아가고, 루는 이번 여름을 레의 어머니의 보살핌을 받기로, 즉 베를린에 있는 레의 집에 머물기로 합의가 되었다. 레에게서 이 소식을 듣고 니체는 거의 미칠 지경이 되었다. 여동생에게 거짓말하고 루를 보러 베를린으로 갔지만, 그녀가 다른 일로 바빠서 만나지도 못했다.

그러다 6주 만에 루의 편지를 받고 니체는 뛸 듯이 기뻐하며 다시 희망을 품었다. 당시 사회의 관습에 따라, 여동생 엘리자베트에게 부탁해서 루를 타우텐부르크(Tautenburg)의 목사관으로 초대하는 편지를 쓰게 했다. 어차피 비는 목사관을 잠시 빌리기로 미리 약속해둔 상태였다. 루에게서 승낙의 편지를 받고 니체가 기뻐하며 쓴 답장에는, 건강을 회복했고 사람들이 자기더러 더 젊어 보인다고 말한단다. "다시는 고독해지고 싶지 않습니다. 다시 한번 인간이 되기를 배우고 싶습니다. 이것은 제가 초보부터 배워야 할 과제지요."*

장면 5. 제2회 바이로이트 축제, 루와 엘리자베트

그녀가 오기로 약속은 되었지만, 그전에 먼저 바이로이트 축제라는 거대한 사건이 끼어들었다. 여기서 예상치 못한 또 다른 사정이 생겨난다.

1882년 7월, 제2회 바이로이트 축제에서 바그너의 마지막 작품인 〈파르지팔〉의 초연이 이루어졌다. 바그너는 '사실상 기독교 신앙의 가장 숭고한 신비를 내용으로 하는 음악 연극이 현대의 극장, 속물들인 관객 앞에서 현재의 오페라로 공연될 수 있을까?'라는 의문으로 망설였지만, 루드비히 왕의 소망과 친구들의 간청에 따라 공연하기로 했다. 음악사에서 '파르지팔의 해'로 알려진 거대한 행사였다.

이 행사를 위해 전 세계에서 바그너 숭배자들이 바이로이트로 모여들고, 루 살로메와 니체의 여동생 엘리자베트도 참석했는데, 니체만은 가지 않았다. 바그너의 후원자이며 숭배자로서 축제의 주빈 중 한 사람인 말비다 여사는 자기가 아끼는 루를 자주 데려갔기에, 루는 곧바로 바그너의 주변에서도 다시 남자들의 인기를 차지했다.

목사의 딸로서 지금까지 주로 어머니와 오빠를 보살피며

- H. F. 페터즈, 《나의 누이여 나의 신부여》, 100쪽.

살아온 엘리자베트는 아마도 당시 세계에서 루와 가장 대립적인 위치에 있는 여성이었을 것이다. 루가 바그너 주변에서 인기를 끄는 모습을 바라보며 질투심에 사로잡힌 그녀는 오빠에게 루의 "경박하고 파렴치한" 행실을 보고한다. 또한 니체의 원수인 바그너 곁에서 그녀가 다른 사람들과 오빠의 뒷말을 했을지도 모른다는 근거 없는 모함도 서슴지 않았다. 게다가 어머니에게도 오빠가 그런 경박한 여자와 사귄다고 악의적인 보고를 했다.

서른여섯 살의 엘리자베트는 당시 생전 처음으로 장차 남편이 될, (악명 높은 반(反)유대주의자이며 교사인) 베른하르트 푀르스터(Bernhard Förster, 1843~1889)와 긴밀한 교제를 시작했다. 바그너 숭배자인 그도 이 축제에 참석해서 그녀와의 관계를 확고하게 했다. 극도로 독선적이고 소심한 엘리자베트는 당시의 인습적인 도덕관에 완전히 붙잡혀 있었으니, 모든 인습에서 자유로운 '당돌한 계집애'인 젊은 루를 전혀 달갑게 여기지 않았다. 특히 오빠가 좋아한다는 사실이 극히 못마땅했다.

그녀는 바이로이트를 일찍 떠나는 푀르스터를 배웅하러 기차역으로 나왔다. 바그너 작품이 별로 마음에 들지 않은 루도 마침 일찍 떠나고 있었는데, 엘리자베트는 푀르스터와 루 두 사람이 열차 칸에서 만나 즐겁게 웃으며 이야기하는 걸 역에서 목격하고 말았다. 이 순간부터 속 좁은 엘리자베트에게 루는 일생일대의 원수가 되었다. 그 뒤로 엘리자베트는 진위를 가리지 않고 루에 대한 온갖 악담과 악의적 추측을 그러모아, 오빠와 떼어놓으려는 자신의 의도까지 합쳐서 루에 대한 반대 운동을 펼친다. 이른바 '루 추방 운동'.

장면 6. 타우텐부르크의 목가

미리 약속한 대로, 니체가 빌린 타우텐부르크 목사관에서 니체와 루, 여동생 엘리자베트까지 세 사람이 한 달을 함께 보냈다. 결혼하지 않은 남녀 단둘이서만 함께 보낸다는 추문을 피하려고 엘리자베트도 함께 머물렀지만, 나중에 추문은 발생했다. 루와 엘리자베트는 만나자마자 바이로이트에서 루의 행실을 두고 한바탕 입씨름을 벌였다. 그런 다음 겉으로는 서로 친한 척 상냥하게 대했다.

니체와 루는 튀링겐 숲을 함께 산책하기도 하고 밤늦게까지 남아 지적인 토론을 벌이며 충만한 시간을 보낸다. 니체는 친구 레를 떼어버리고 그야말로 원 없이 루와 함께하면서 그녀의 지적 욕구를 채워주었다. 루 또한 니체의 가르침과 자극을 통해 지적인 통찰을 얻었고, 얼마 뒤에 나온 그녀의 저서 《신을 얻으려는 투쟁(Im Kampf um Gott)》(1885)에는 니체와 함께한 이 시간의 흔적이 남았다. 엘리자베트가 함께 있었는데도, 결혼도 하지 않은 니체와 루가 함께 생활한 일이 당시 사회에 여러 파문을 일으켰다.

루가 베를린으로 떠난 다음 니체 오누이는 대판 싸움을 벌였다. 엘리자베트는 오빠가 타락한 여자에게 빠져 가문의 명예를 더럽혔다고 온갖 비난을 퍼부으며, 니체가 어머니에게로 돌아가는 길을 가로막아버렸다. 이 일로 니체의 가족 관계는 완전히 파탄에 이르렀다. 그는 병으로 쓰러져 정신을 잃고서야 어머니의 품으로 돌아갔지만, 그것은 그의 선택이 아니었다.

니체는 타우텐부르크에서 여동생과 헤어져 라이프치히로 갔다.

장면 7. 라이프치히의 이별

가족에게서 고립된 채 니체는 라이프치히에서 루와 레가 오기를 기다렸다. 그사이 니체는 루가 쓴 시에 곡을 붙이기도 했다(〈삶의 찬가(Hymnus an das Leben)〉). 루와 레 두 사람이 라이프치히로 왔지만, 루가 레와 더 가깝다는 게 분명했다. 루는 니체의 비합리적인 사유를(특히 영원회귀) 점점 더 이상하게 여겼다. 10월 말경 니체는 루를 잃었다는 사실을 분명히 깨닫게 되었던 듯, 레를 비방하다가 오히려 자신이 루의 비웃음을 샀다.

11월에 두 사람은 도로 베를린으로 돌아가고, 삼위일체의 약속이 아직 남아 있었지만, 이미 실현 불가능한 일이었다. 니체는 2주 동안 더 라이프치히에 머물다가 제노바로 향했다. 1882년이 시작될 때 거주하던 제노바로 연말에 다시 돌아왔으나, 제노바 시내가 아니라 근교인 라팔로(Rapallo)로 향했다.

1882년 12월에 그가 쓰고 부치지 않은 편지에는 절망과 자기 연민, 자살 시도 등의 내용이 담겨 있다. 참을 수 없는 질투심에서 루와 레에게 온갖 모욕적인 비난과 욕설을 퍼붓고는 뒷날 후회했으나 이 우정은 이미 끝나 있었다. 세 사람은 다시는 만나지 않았다.

뒷이야기

루와 레는 이후 3년 동안 베를린에서 우정의 동반자로 함께 지내고 1885년에 헤어졌다. 레는 1901년에 등산하다가 죽었는데, 사고인지 자살인지는 알려지지 않았다. 그는 원래 비관주의적 생각으로 자주 자살을 거론하며 독약을 몸에 지니고 다녔다.

루는 1886년(25세)에 동양학자 프리드리히 카를 안드레아스(Friedrich Carl Andreas)와 결혼했고, 덕분에 오늘날 흔히 '루 안드레아스-살로메'라는 이름으로 불린다. 그녀보다 열다섯 살 연상인 그는 그녀의 눈앞에서 자살을 시도하는 것으로 그녀의 마음을 돌려 마침내 결혼에 이르긴 했지만, 육체적 관계를 맺지 않는다는 전제로 결혼했고, 아마도 그것을 지켰던 듯하다.

그녀는 1897년(36세)에 스물두 살의 젊은 시인 릴케를 만나 진짜 사랑에 빠져서 그의 길을 안내했다. 릴케는 그녀와 러시아를 여행하던 중 《시도(時禱) 시집(Stundenbuch)》을 써서 명성을 얻는다. 1901년에 그녀는 둘 사이의 열렬한 애정 관계를 끝내고 친밀한 우정 관계로 바꾸었다. 이후 릴케가 죽을 때까지 이 우정을 유지했다. 그녀가 평생 원하던 관계가 어쩌면 이런 모습이었을까? 뒷날 프로이트는 그녀가 삶에 몹시 서툰 릴케에게 "뮤즈이며 동시에 세심한 어머니"였다고 평가했다.

그녀는 여러 편의 소설과 수많은 저술을 남겼고, 괴팅겐에서 혼자 살다가 죽었다.

니체가《이 사람을 보라》에서 설명하는
《차라투스트라》

니체는 라이프치히에서 루가 떠난 뒤에도 다시는 루와 만날 수 없다는 사실을 도무지 받아들이지 못했다. 그럼에도 결국은 그 사실을 인정할 수밖에 없게 되자 거의 광란 상태에 빠져들었다. 마치 상처 입은 짐승처럼 세상에서 몸을 숨기려 했다. 사람들의 시선을 견딜 수가 없었다. 라이프치히를 떠나 11월 중순에 바젤의 친구 오버베크에게 들렀을 때 오버베크 부부는 니체의 꼴에 깜짝 놀라고 말았다.

그들이 붙잡는 것을 뿌리치고 니체는 그해 초에 거주하던 이탈리아 제노바로 돌아왔다. 제노바 근교의 라팔로만으로 가서 바닷가에 있는 숙소를 얻었다. 파도 소리 때문에 잠들기도 힘든 곳이었다.

루와 헤어지기 전에 이미 가족과의 연결이 끊겼다. 많지 않은 친구들은 모두 멀리 있었다. 라팔로에서 그는 절대 고독과 상실감에 빠져들었다. 이 나락의 감정을 떨쳐내고 다시 일어서지 않으면 더는 살 수도 없을 터였다. 이 깊은 감정의 심연에서 그가 극단의 집중력으로 겨우 열흘 만에 써낸 것이《차라투스트라》제1부다. 죽음을 딛고 일어서면서 니체는 완전히 새로운 창작자의 모습을 보인다. 알프레트 보임러(Alfred Baeumler, 1887~1968)*는 다음과 같이 표현한다.

> 다른 영혼과 온전히 결속되었던 영혼은 단순한 감정만으로 자유로워질 수는 없다. 현실의 결속에 대해선 현실적인 결속 해지가, 자기 망각에 대해선 진정한 자기 발견이, 행동을 통한 헌신에 대해선 행동을 통한 해지가 이루어져야 한다. 그리고 이런 결속 해지의 행동이 바로《차라투스트라》다. 발생사로 보자면 이 작품보다 더 '주관적인 것'은 없다. 한 인간의 영혼이 지닌 가장 내적인 역사가 얼마나 순수하게 작품으로 연결되는가!

《차라투스트라》의 창작에 대해서는 다른 누구보다 니체 자신의 기록을 참조할 수 있다. 그가 1888년 10월에 시작해서 1889년 초 실신할 때까지 쓴 자전적인 기록《이 사람을 보라(Ecce Homo)》가 그것인데, 살아서 책으로 내놓지 못한 마지막 작품들이 그렇듯 여러 우여곡절을 거치고 1970년대에야 오늘날의 형태를 얻었다.《이 사람을 보라》에는 일종

---

* 오스트리아의 철학자, 악명 높은 나치 이념의 교육자이지만, 20세기의 중요한 니체 연구자 중 한 사람.

의 과대망상적 표현들도 자주 등장해서 읽는 이를 이따금 깜짝 놀라게 한다. 정신착란의 징후로도 여겨진다.

그런데도 가까이나 멀리에 친구 하나 없이 홀로 고독에 잠겨 불꽃 같은 영감으로 《차라투스트라》를 썼으니, 그 창작의 상황에 대해 들려줄 사람은 그 자신밖에 없다. 《이 사람을 보라》의 〈차라투스트라〉 편에 나오는 몇 가지 키워드를 살펴보자.

영감, '영원회귀의 사상'과 음악 취향의 변화

니체는 《차라투스트라》를 이끌어가는 기본 사상이 "영원회귀의 사상"이라고 말한다. 이는 인간이 도달할 수 있는 "최고 긍정의 공식"이란다.

이 생각은 1881년 8월에 강렬한 영감의 형태로 그에게 나타났다. 그가 실스마리아의 실바플라나 호숫가 숲길을 산책하다가 수를라이 동네에서 멀지 않은 곳에 피라미드 모양으로 솟은 큰 바위 곁에 멈추어 섰을 때, 이 사상이 문득 그를 찾아왔다. 삶이 몹시 불행하고 고통스럽다 해도 눈길을 내세로 향하지 말고 이승의 삶을 살아야 하며, 설사 이런 고통이 영원히 되풀이된다 해도, 그것까지 감수하고라도 삶을 긍정해야 한다는 깊은 깨달음이었다. 병든 몸으로 세상에서 멀리 떨어져 고독하고 고통스러운 삶을 살아가던 사람이 깨닫게 된 드높은 긍정의 사상이었다.

그는 "영원회귀의 사상"이라고 종이에 적고 "인간과 시간의 저편 6000피트[1800미터]"라고 서명했다. 이것이 이 사상이 시작된 지점이다. 이 바위는 아직도 '니체 바위'라는 이름으로 불린다.

이어서 이 날짜보다 몇 달 전에 이미 일종의 전조 증상으로서 취향, 특히 음악 취향에서 중대한 변화를 느꼈다는 이야기를 한다. 아마도 《차라투스트라》 전체를 음악의 관점 아래서 생각할 수 있을 것 같단다. 1881년 봄에 그는 음악가 친구 페터 가스트와 함께 이탈리아의 비첸차에서 멀지 않은 산악 지대 온천에 머물고 있을 때, 음악이라는 불사조가 이전보다 더 가볍고 더 밝은 날개로 자기들 곁을 스쳐 날아가는 것을 느꼈다. 이런 그의 설명을 《차라투스트라》 전체를 지배하는 독특한 언어의 리듬 및 디튀람보스 노래들과 연결해 이해하면 좋을 것 같다.

임신 기간 18개월

'영원회귀의 사상'이 갑자기 나타난 날짜부터 시작해 1883년 2월 갑자기 해산하기까지의 시간을 따져보면, 이 작품의 임신 기간은 총 18개월이란다. 전체 작품은 아니고, 제1부의 완성을 가리킨다. 제1부의 "종결부를 정확히 리하르트 바그너가 베네치아에서 죽은 저 거룩한 시간[1883년 2월 13일]에 완성"했기 때문이다. 이 자리에서 니체는 18개월이라는 임신 기간을 두고, 적어도 불교도들이라면 니체의 본질이 암컷 코끼리라는 생각을 할지도 모른다고 짐짓 우스갯소리를 한다.*

이 임신 기간에 중대한 두 가지 사건이 나타난다. 먼저 니체의 저술《즐거운 학문》이 나왔다. 이 책은 비할 바 없는 뭔가가 가까이에 있음을 백 개의 증표들로 알려주다가, 마침내 제4권의 마지막 직전 장에서('341. 가장 위대한 핵심')《차라투스트라》의 기본 사상인 영원회귀의 사상을 알린다. 이 장에서 영원회귀의 사상이 극히 단순하고도 명료하게 설명된다. 바로 이어지는 다음 장('342. 비극의 시작')에서《차라투스트라》의〈머리말〉제1장이 고스란히 제시되고 있으니,《차라투스트라》가 여기서 시작된다는 말은 매우 정확하다.

또한 니체가 작곡한 음악 작품〈삶의 찬가〉(혼성합창과 오케스트라를 위한 곡) 역시 이 기간에 만들어졌다.《이 사람을 보라》의〈차라투스트라〉부분을 쓰기 2년 전인 1887년에

* 코끼리의 임신 기간은 실제로는 22개월.

실바플라나 호숫가의 '니체 바위'.

〈삶의 찬가〉 총보(總譜)가 라이프치히의 에르빈 출판사에서 출판되었다면서 니체는 인쇄 오류 하나를 지적한다. 그러고는 이 작품의 노랫말이 자기가 쓴 게 아니라고 밝힌다. 당시 자기와 친분이 있던 젊은 러시아 여성 루 폰 살로메 양이 놀라운 영감에서 쓴 작품이란다.

루는 자기가 쓴 시 한 편을 니체에게 보여준 적이 있었다.

그녀가 질병과 여러 어려운 일로 난관에 부닥쳤을 때 쓴 시였다. 삶이 내게 행운이 아니라 고통만을 준다고 해도, 여전히 삶을 사랑할 거라는 씩씩한 내용을 담고 있다. 그녀의 이 시를 보고 크게 감명을 받은 나머지 니체는 여기에 곡을 붙였다. 그러고는 자기가 이미 전에(1873/1874) 작곡해서 나움부르크의 어머니 집에 보관해오던 〈우정 찬가〉와 이 곡을 합쳐 하나로 만들었다.

두 개의 곡은 따로따로 작곡되었지만, 둘을 합치고 몇 군데 수정을 거치자 마치 원래 하나로 만들어진 것처럼 서로 딱 들어맞았다. 그는 이렇게 합쳐진 곡에 '삶의 찬가'라는 제목을 붙였고, 음악가 페터 가스트가 최종 손질을 해서 총보를 완성했다.

〈삶의 찬가〉, 루 살로메의 시

삶을 향한 기도(Lebensgebet)

친구가 친구를 사랑하듯,
나 너를 사랑해, 수수께끼의 삶이여,
내가 네 속에서 환호했든, 울었든,
네가 내게 고통을 주었든, 즐거움을 주었든.

행운과 재앙을 가진 너를 나는 사랑해.

네가 나를 파괴해야 한다면,

고통에 차서 나는 너의 품을 벗어날 거야,

친구가 친구의 가슴을 떠나듯.

내 온 힘을 다해 너를 포옹한다.

너의 불꽃이 내 정신을 불붙이게 해다오,

싸움의 열기 속에서 내가

네 본질의 수수께끼 해답을 찾게 해다오!

사람들이 생각하고 살아온 수천 년,

너의 내용을 온전히 그 안에 던져 넣어라,

내게 줄 행운이 네게 남아 있지 않다면,

좋다! 그래도 넌 너의 고통을 갖고 있지.•

니체는 《이 사람을 보라》에서 이 시의 마지막 2행을 인용하며 이 구절이 위대함을 지닌다고 말한다. 이 말의 의미를 이해할 수 있는 사람이라면 "내가 어째서 그것을 좋아하고, 거

• 니체가 페터 가스트에게 보낸 시를 옮긴 것. 루 살로메의 원제목이 '삶을 향한 기도'.

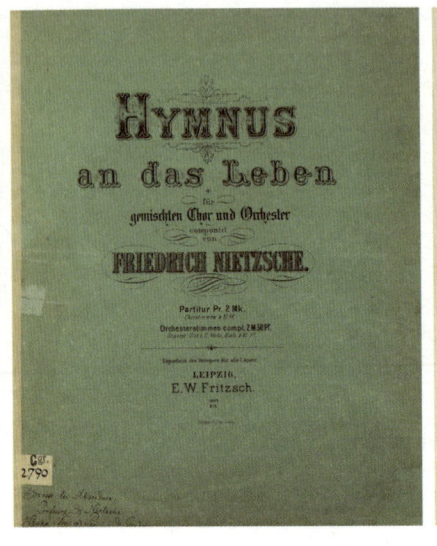
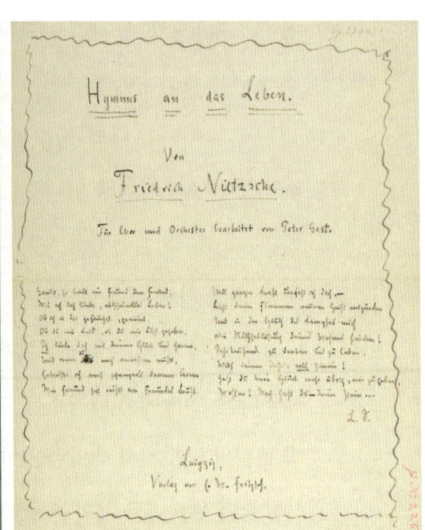

〈삶의 찬가〉 총보 표지. 1887년, 에르빈 출판사(왼쪽).
니체는 루 살로메의 시를 친필로 적어 페터 가스트에게 보냈다(오른쪽).

기 경탄했는지 짐작할 것"이라며, "내 음악도 아마 이 자리에서 위대함을 얻을" 거란다.

루의 시를 찬찬히 읽고 음미해보면, 니체가 그녀에게 그토록 깊은 공감과 애착을 느낀 것이 이해된다. 그 자신처럼 그녀 또한 젊은 나이에 심각한 질병으로 고통받으면서도 신과 종교에 귀의하지 않았고, 삶이 고통스럽다 해도, 그것이 삶을 미워하거나 삶에 저항할 핑곗거리는 아니라고 단호히 선언한다. 삶이 내게 줄 것이 고통뿐이라 해도 여전히 삶을 사랑한다고 말하는데, 이는 《차라투스트라》에도 깊이 스며들어 있는 사상이다.

이 음악은 순수하게 긍정하는 파토스(열정)가— 니체 자신은 "비극적 파토스"라 부르던— 최고도로 나타난 1882년의 상태를 알리는 중요한 징조라면서, 뒷날 언젠가는 사람들이 "나를 기억하며 노래하게 될 것"이라고 말한다. 실제로 합창대가 등장하는 이 곡은 자주는 아니지만 이따금 연주되곤 한다.

차라투스트라 유형의 기습

이어지는 겨울을 나는 제노바에서 멀지 않은 쾌적하고 조용한 라팔로만에서 보냈다. 키아바리(Chiavari) 마을과 산맥 끄트머리의 포르토피노 마을을 갈라놓는 라팔로에서. 나의 건강 상태는 최상이 아니었다. 그 겨울은 춥고 보통 이상으로 비가 잦았다. 작은 알베르고[숙소]는 바닷가에 직접 면해 있었기에 밤이면 바다 때문에 잠을 이룰 수 없었고, 또한 모든 점에서 바람직한 것과는 대충 거의 정반대가 제공되는 곳이었다. 모든 결정적인 것은 '그럼에도 불구하고' 일어난다는 내 명제를 입증이라도 하듯, 그럼에도 불구하고 이 겨울, 이런 불리한 상황에서 나의 《차라투스트라》가 생겨났다. 오전에는 소나무들을 지나 멀리 바다를 굽어보면서 남쪽 초알리(Zoagli) 마을까지 연결되는 찬란한 길을 따라 위로 올라갔다. 오후에는 건강이 허락하는 한 자주 산타마르게리타만(灣) 전체를 우회해 포르토피노까지 걸어갔다. (……) 이 두 길을 걷는 동안 《차라투스트라》 제1부 전체가, 특히 차라투스트라 자신이 유형으로서 내게 떠올랐다. 그보다 더 맞는 말로는, 그가 나를 기습하곤 했다.

-《이 사람을 보라》

차라투스트라 유형? 차라투스트의 신체적 조건이 먼저 제시된다. 《즐거운 학문》 제5권 마지막 단락에 제시된 "위대한 건강함"을 지녀야 한다는 거다. 새로운 목적을 위해서는 새로운 수단, 즉 새로운 건강함을 갖추어야 하기 때문이다. 그런 건강함을 미리 지니고 있을 뿐만 아니라 건강함이 계속 내동댕이쳐지기 때문에 거듭 되찾아져야 한다. 그렇게 위험할 정도의 건강함을 지닌 채 "지중해 연안"들을 샅샅이 탐색한다. 그리고 마침내 "자기만의 경험들이라는 온갖 모험을 통해 이상(理想)의 정복자, 발견자, 예술가, 성인(聖人), 입법자, 현자, 학자, 경건한 자, 구식의 거룩한 외톨이 등이 어떤 상태인지"를 알아내려고 하는 사람이다.

마치 거듭 난파하고 해를 입으면서도 그렇듯 열렬히 탐색한 일에 대한 보상인 것처럼, 그에게는 아직 발견되지 않은 땅이 앞에 있는 것처럼 생각된다. 그 경계선을 아직 아무도 보지 못한 세계, 지금까지의 이상의 땅과 영역들을 넘어선 곳에 아름다움, 낯섦, 의문스러움, 풍요로움, 거룩함으로 가득 넘쳐흐르는, 그의 호기심과 소유욕까지도 정신을 잃을 만큼 풍요로운 세계, 다시는 물리는 일이 없는 풍요로운 세계가 있다는 느낌이다.

그러니까 차라투스트라는 위대한 건강함을 지니고 모험과 탐색을 계속하며, 새로운 이상의 정복자, 발견자, 예술가, 성인, 입법자, 현자, 학자, 경건한 자 등이 되는 유형의 사람이다.

니체에게 영감이란?

《이 사람을 보라》의 〈차라투스트라〉 제3장에서 니체는 이 책의 작업을 하는 동안 자기를 휘감은 '영감(Inspiration)'을 비교적 상세히 설명한다. 그러면서 《차라투스트라》 전편을 관통하는 언어와 리듬의 특성을 아주 간략하게 잘 요약해놓았다. 그의 작품을 읽고 이해하는 데 어떤 글보다도 도움이 되는 저자 자신의 완벽한 해설이다.

그를 사로잡은 '영감'을 아래에 인용한다(번호와 행 가름은 필자).

① 이루 말할 수 없는 확실성과 섬세함으로 사람을 깊이 뒤흔들고 넘어뜨릴 만한 뭔가가 갑자기 눈에 보인다거나 귀에 들린다는 뜻으로 쓰이는 '계시'라는 말이 영감이란 낱말의 내용을 간략히 설명해준다. (영감 또는 계시를 받는) 사람은 경청할 뿐 찾아보지 않고, 그것을 받아들일 뿐 누가 주는지 묻지 않는다. 필연성을 지닌, 망설임 없는 형식으로 어떤 생각이 번개처럼 광채를 발한다 — 나는 선택의 여지를 가진 적이 없다.(예컨대 '영원회귀의 사상')

② 그 무시무시한 긴장감이 이따금 홍수 같은 눈물로 녹아버리는 황홀경, 그러면 발걸음이 무의식중에 빨라지기도 느려지기도 한다. 무수히 많은 섬세한 전율과 발뒤꿈치까지 흐르는 진땀이 극히 또렷하게 의식되는 불완전한 망아경. 가장 고통스러운 것, 가장 어두운 것도 대립으로 여겨지지 않고, 그냥 제한된 것, 도전받은 것으로서, 그 정도의 과도한 광채에는 꼭 필요한 색채로만 여겨지는 깊디깊은 행복감.

③ 광범위한 형식 공간을 뒤덮는 리듬 상황의 본능 — 넓게 펼쳐진 리듬의 길이, 그런 리듬에 대한 욕구야말로 영감의 강력함을 가늠하는 척도이며, 그 압력과 긴장에 대한 일종의 보상이다. 모든 것은 극

도의 부자유 속에서 일어나지만, 마치 자유-감정, 무조건성, 힘과 거룩함의 폭풍 속에 붙잡힌 듯 일어난다.(《차라투스트라》의 언어)

④ 그림, 비유의 강제성이 가장 주목할 만하다. 무엇이 그림이고, 무엇이 비유인지 더는 개념이 없다. 모든 것은 가장 가깝고 가장 올바르고, 가장 단순한 표현으로 스스로를 드러낸다.

이렇듯 특별한 영감에 사로잡힌 상태에서 니체는 이 책의 4부를 제각기 열흘이라는 시간 만에 썼다고 말한다. 제1부는 1883년 2월 라팔로(제노바)에서, 제2부는 그해 여름 실스마리아에서, 제3부는 이어지는 겨울에 프랑스 니스에서 썼고, 모두 합쳐 채 1년도 걸리지 않았다. 제4부는 1884년 가을부터 1885년 2월까지 여러 번의 중단 끝에 쓰였다. 제3부까지 먼저 나온 책이 세상에서 아무런 반향도 얻지 못하는 것을 보고, 그는 자신이 비용을 대서 제4부를 따로 출판했으니, 제4부는 앞부분과는 발생사에서 약간의 차이가 있다.

위대한 것의 원한

통상적으로 이해하기 힘든 깊은 영감에 사로잡혀서 니체는 그때까지 역사상 한 번도 없었던 형식과 내용의 작품인 《차라투스트라》를 썼다. 작품을 끝내고 나서는 창작의 뒤에 나타나는 혹독한 후유증을 겪었다. 모든 위대한 작품 또는 행위가 일단 이루어지고 나면, 그런 작품 또는 행위 자체가 그것을 행한 사람에게 가혹하게 보복한다. 그래서 불멸의 작품을 만든 사람은 살아서 이미 여러 번이나 죽음을 경험한단다. 그것을 그는 "위대한 것의 원한(rancune)"이라고 불렀다. 위대한 작품을 완성한 이후의 고통인데, 물론 많은 창작자가 감당하는 고통이긴 하지만, 그의 경우 특히 가혹했던 모양이다.

하지만 그뿐만이 아니었다. 그때까지 본 적 없는 작품이 나왔건만, 정작 주변의 그 누구도 반응하지 않았다. 내용도 언어도 너무 낯설었던 모양이다. 그가 친구들에게 인사를 보내도 그 누구도 반응하지 않았고, 거의 모든 가깝던 사람들이 침묵하거나 여러 등급으로 그를 냉대했다. 그러니 이제부터 그는 작은 일들에 대해서도 몹시 민감하게 반응하게 되었다고 말한다.

이 작품의 창작 이후로 그는 이전보다 더욱 깊은 고독감에 빠져들었다. "고독은 일곱 겹 피부를 가지고 있어서, 그 무엇도 꿰뚫지 못한다." 《차라투스트라》의 시인은 작품을 내놓고 세상으로부터 이렇듯 독한 고립을 경험했다.

"쪽빛 고독" 속의 작품

이 작품은 철저히 저 혼자 선다. 다른 말로 하면 그 사유와 형식, 언어와 비유가 다른 누구에게서 배우거나 얻어 온 것이 아니고, 완전히 새롭고도 독창적인 것이다. 이렇듯 주변 세계와의 연관성이 전혀 없이 철저히 홀로 선다는 측면에서, 셰익스피어나 괴테, 심지어 단테조차 이와 비슷한 작품은 쓰지 못했다.

전통 또는 선배와의 연결성이 없고, 그 누구의 작품과도 비슷한 점이 없이 홀로 서는 이 작품을 두고, 니체는 그것이 "쪽빛 고독(azurne Einsamkeit)"* 속에 머문다고 서술한다. 즉 모든 사람, 모든 사상, 모든 형식과 철저히 거리를 두고 있다는 뜻이다.

그뿐만이 아니다. 여러 모순과 대립이 여기서 하나로 통합된다. 이 정신은 모든 것을 반박하면서도 모든 정신 중에서 가장 긍정하는 정신이다. 인간 본성의 가장 높은 힘들과 가장 낮은 힘들, 가장 달콤한 것과 가장 경박한 것, 가장 결

---

* 이 낱말은 프랑스 리비에라 해안을 가리키는 '코트다쥐르(Côte d'Azur)'를 연상시킨다. 원래는 니스 일대를 가리키던 이름이다. 겨울에도 날씨가 매우 온화하고 하늘과 바다가 똑같은 쪽빛을 띤다고 해서 나온 말이다. 이는 라팔로를 포함하는 이탈리아 리비에라 해안도 마찬가지다. 따라서 처절한 고독 속에서 제1부와 제3부가 쓰인 이곳 지중해의 쪽빛 바다와 하늘을 가리키는 말로 읽힌다.

실 풍부한 것이 하나의 샘에서 흘러나온다.

여기서 니체는 자신이 이 작품에서 구현한 차라투스트라 유형이 "디오니소스의 개념" 자체라고 말한다. 이 유형은 지금까지 사람들이 긍정한 모든 것에 대해 전례가 없는 정도로 "아니"라고 말하며 행동하지만, 그러면서도 부정하는 정신과는 정면으로 대립한다. 가장 무거운 운명을 짊어지고 있지만, 가장 가벼운 차라투스트라―그는 춤꾼이다.

현실에 대해 가장 가혹하고 가장 무시무시한 관점을 가진, "가장 깊은 심연의 생각을 생각한 사람"이, 그럼에도 불구하고 삶에 대해 그 어떤 반대도 없고, 심지어 그 영원한 되풀이(영원회귀)에 대해서조차 반대하지 않는다. 오히려 모든 물건을 향해 영원한 긍정의 이유를 덧붙인다. 그는 "무시무시하고 무한한 긍정―아멘이라 말하기", "모든 심연에서도 여전히 축복하는 긍정의 말"을 지닌다. 하지만 이것은 바로 니체가 말하는 '디오니소스'의 개념이다. 이는 죽음의 고통을 넘어서는 긍정의 정신이다.

그런 정신은 자기 자신과 말할 때, 디튀람보스의 언어를 말한다고 한다. 따라서 니체 자신이 디튀람보스의 창안자다. 이어서 그는 제3부 제4장(〈해 뜨기 전〉)을 디튀람보스의 예로 제시한다. 이는 극단의 모순과 고독을 노래하는 장이다. 이어서 제2부의 제9장(〈밤 노래〉)을 직접 인용한다.

《차라투스트라》라는 작품 전체가 '쪽빛 고독' 속에 거주하며, 두렵고도 무시무시한 운명의 삶을 무한 긍정하는 디오니소스 찬가, 곧 디튀람보스다.

참고: 인간너머(Übermensch)

이 낱말은 니체를 읽는 한국인을 몹시 괴롭히는 개념이다. 이것이 '초인(超人)'으로 번역되면서 무슨 뜻인지 알쏭달쏭해져 사색이나 이해를 상당히 방해하는 탓이다. 이 말은 영어의 'superman'과 같은 구조로 되어 있고, 실제로 '초인'이라는 뜻도 지니고 있다. 하지만 니체가 이 낱말로 과연 '슈퍼맨'을 뜻했느냐는 것은 실로 의문이다.

이 낱말은 《차라투스트라》〈머리말〉의 제3장과 제4장에서 설명되는데, 바로 뒤이어 제5장에 나오는 "마지막 인간(der letzte Mensch)"이라는 말과 쌍을 이루며 서로 대립한다. 먼저 이해하기 쉬운 개념이 '마지막 인간'이다. 인류가 지금까지 이룩한 것에 몹시 만족하면서, 마치 자신이 진화의 최종 목표인 것처럼 느끼는 인간을 가리킨다. 과거의 업적들을 돌아보며 이미 이룩한 것에 안주하는, 따라서 기존의 모든 가치관을 지키고 보존하려는 태도를 지닌다. 실제로 모든 사람이 거의 자명하게 가지는 관점이다.

그에 비해 '인간너머'는 인간 다음 단계에 나타날,* 현재의 인간보다 더 높아진 인간을 가리킨다. 인간너머는 실현된 형태가 아니라 인류의 미래에 나타나기를 희망하는 형태, 곧 먼 미래의 존재다. 진화라는 관점에서 보면, 모든 개별 인간은 인간너머라는 미래 형태를 향해, 그 실현을 위해 자신을 바치고 스스로는 그 과정에서 몰락하는 존재다. 개별 인간은 누구도 그 스스로 목표 또는 이상의 실현이 될 수 없으니, 그 자신이 인간너머가 될 수는 없다. 《차라투스트라》에서 이런 발전은 영혼이나 지성이 아닌 몸에서 먼저 이루어진다. 잘 생각해보면 이는 매우 자명한 이치고 또한 철저히 과학적인 사유다.

니체는 우리가 스스로 이 사실을 분명히 깨닫고, 자신이 몰락하는 존재, 또는 과도적 존재라는 사실을 기꺼이 받아들일 뿐 아니라 오히려 그런 방향을 향해 앞장서 나아가기를 요구한다. 진화적 발전이라는 방향에서 인간이 취해야 하는 윤리적인 태도를 요구한 것이다. 이는 예외 없이 모든 인간

---

* 원어의 'Über'에는 '위쪽에'라는 뜻과 함께 '저편으로 넘어가는'이라는 뜻도 들어 있다.

에게 타당한 명제다. 이런 전향적 태도로 생명은 지금까지의 발전을 이루었다. 인간 자신이 다른 존재가 발전해서 생겨났다. 즉 원숭이가 발전해서 인간이 되었다. 차라투스트라는 이렇게 말한다.

인간에게 있어 위대한 점은 그가 목적이 아니고 다리라는 사실이다. 인간이 사랑받을 점은 그가 과정이자 몰락이라는 사실이다.
－〈차라투스트라의 머리말〉 제4장

생명의 역사에서 처음으로 인간은 자기가 목적이 아니라 과정에 지나지 않는다는 사실을 깨달은 것이다.

인간 사회 안에서도 창조자가 되려는 자는 눈길을 과거로 향하고 기존의 가치들을 보존하려고 할 게 아니라 미래를 바라보아야 한다. 그렇게 새로운 가치를 창조해야 한다. 이렇게 바라보면 '인간너머'와 '마지막 인간'의 차이가 분명해진다. 따라서 새로운 가치를 창조하기 위해서는 먼저 낡은 가치를 부수어야 한다.

죽어서도 고독한

《차라투스트라》 뒤로도 니체는 여러 작품을 썼다. 다만 오늘날 세계에서 가장 명성을 얻은 작품은 문학적 특성을 많이 지닌 《차라투스트라》다. 그 뒤로 하이데거와 보임러 같은 철학자들—유감스럽게도 나치에 협력한 사람들—은 《힘에의 의지(Der Wille zur Macht)》라는 작품을 니체의 대표작으로 꼽았지만, 오늘날 이것은 실체가 모호한 것으로 여겨진다. 니체가 이런 제목의 저술을 기획한 적은 있었으나, 직접 쓴 적이 없기 때문이다.

이것은 니체의 여동생 엘리자베트 푀르스터-니체가 오빠의 유고들을 이용해 (페터 가스트 등 여러 전문가의 힘을 빌려) 편집해서 내놓은 일종의 위작(僞作)이다. 니체의 작품 여기저기서 '힘에의 의지'라는 개념을 볼 수는 있지만, 오늘날에는 이것을 그가 완성한 작품의 제목으로 여기지 않는다. 이런 끔찍한 일은 니체가 1889년 1월 3일 토리노에서 정신을 잃고 쓰러진 뒤 다시는 제정신으로 돌아오지 못했기 때문에 생겨났다.

니체는 쓰러지기 전부터 이미 일종의 과대망상 증세를 드러내고 있었다. 이날 그는 오늘날의 토리노 도심에 자리 잡은 숙소를 나서자마자 어떤 마부가 말을 거칠게 다루는 것을 목격했다. 그는 눈물을 흘리면서 탄식하고는 말의 목을 끌어안은 채 그대로 쓰러졌다.

며칠 뒤 친구 오버베크가 와서 그를 데려다가 바젤의 정신병원에 입원시켰다. 통증과 발작이 거듭되었고, 몇 번은 매우 유쾌한 기분이 되어 아무나 붙잡고 포옹과 키스를 하거나 담벼락을 기어오르는 등 명백한 정신병 증세를 보였다. 며칠 뒤에 그의 어머니가 와서 자신이 정착한 도시 예나로 아들을 데려갔다. 불운하게도 정신착란 또는 치매 상태에 빠진 니체는, 자기를 전혀 이해하지 못한 어머니와 누이의 보호에 맡겨지게 되었다.

1897년 어머니가 세상을 떠나자 누이 엘리자베트가 오빠의 보호를 떠맡았다. 그녀는 오빠를 세심하게 보살폈고, 정신을 잃은 니체는 누이의 보호 아래 살다가 1900년 바이마르에서 죽었다.

니체가 "사랑스러운 라마"라고 불렀던 누이 엘리자베트는 1885년 바그너의 생일에, 바그너를 숭배한 반유대주의자 베른하르트 푀르스터와 결혼식을 올렸다. 그는 바그너의 음악보다는 그의 반유대주의를 더 숭배한 사람이었다. 푀르스터는 아내와 함께 남미에 독일 식민지(새 게르마니아)를 건설하기 위해 파라과이로 갔지만, 그 일에 실패하고 자살했다.

니체가 토리노에서 쓰러졌을 때, 그녀는 아직 파라과이에 살고 있었다. 그러다가 1893년에 독일로 돌아왔다. 유명한 오빠를 보살피는 것이 그녀에게는 좋은 기회가 될 참이었고, 어머니가 죽은 다음 실제로 그렇게 되었다. 그녀는 오빠를 자랑스럽게 여기고 아마 진심으로 그에게 경탄도 했겠지만, 그의 사상에 대해서는 전혀 이해하지 못했으니, 결국은 그의 명성과 '니체'라는 이름을 사랑한 것이었다.

그녀는 파라과이에서 돌아와 곧바로 나움부르크에서 니체 문서고(Nietzsche-Archiv)를 조직하기 시작했다. 자신의 성을 '푀르스터-니체'로 써도 된다는 관청의 승인을 미리 받아두고, 어머니가 죽은 다음 오빠의 모든 서류를 자신이 물려받았다. 그런 다음 그녀는 오빠를 데리고 저 '괴테-실러 문서고'가 있는 바이마르에 정착했다. 물론 니체 문서고도 바이마르로 왔다. 그녀는 치매로 모든 것을 잊은 오빠를 살뜰하게 보살폈다. 오늘날 니체 문서고가 서 있는 집에서 니체는 1900년에 죽었다.*

그녀는 오빠의 유고를 모조리 차지하고 전문가들을 고용했다. 아무도 그녀의 허락 없이는 그의 유고에 접근할 수 없었으니, 그녀가 유고를 관리하는 유일한 책임자였다. 뒷날 토마스 만(Thomas Mann, 1875~1955)을 비롯해 니체를 숭배한 많은 유명인이 니체를 추모하러 이곳을 다녀갔다. 1935년에 죽기까지 그녀는 오빠의 유고들을 이용해 일부 의도적인 위작이나 위조까지도 서슴지 않았다. 1933년 히틀러가 정권을 차지하자 그녀는 나치에 적극 협조했다.

니체는 죽어서도 자기가 그토록 원하던 자유를 찾을 길이 없었다. 생애 절정에 도달한 바그너가 비스마르크 시대의 조류에 영합하는 꼴을 보면서 그는 〈시대에 안 맞는 관찰〉을 쓰며 바그너와 작별을 고했었다. 하지만 죽은 다음에도 그는, 작정하고 덤벼들어 자신의 글 일부를 멋대로 위조한 여동생으로 인해 히틀러 시대 내내 끔찍한 악용과 오해를 겪어야 했다. '힘(권력)에의 의지'란 윤리적 의미를 빼놓고 보면 그야말로 히틀러가 좋아할 만한 말이다.

- 바이마르의 빌라 질버블리크(Villa Silberblick)에는 지금도 '니체 문서고'라는 이름의 박물관이 열려 있다. 우리 책에서는 다루지 않지만, 특히 히틀러 시대를 거치면서 이 문서고의 역사는 참으로 기구한 변천을 겪었고, 덕분에 오늘날에도 (알고 보면) 그곳 분위기가 사뭇 기괴하다. 오늘날 바이마르에는 '괴테-실러 문서고'나 '니체 문서고'가 없고, 모든 원본 서류는 마르바흐의 국립 문서고에 보관되어 있다. 독일이 동서로 나뉘었을 때 바이마르는 동독에 속했고 바이마르의 문서들은 서독의 마르바흐(프리드리히 실러의 탄생지)로 옮겨졌다. 독일의 역사는 복잡하다.

에드바르 뭉크, 〈프리드리히 니체〉(1906).

히틀러 정권이 지나가고 나서야 비로소 그의 원고들이 재정비되었다. 오늘날 니체가 직접 내지 않은 원고들은 모두 '유작'이라는 이름을 달고 나온다. 그런데도 이 세상과 후세는 어쩌면 그를 제대로 이해할 능력이나 마음이 없는지도 모른다. '인간너머'를 두고 벌어지는 오해를 보면 그렇다.

얼마나 많은 이가 니체에 열광하고 경탄을 보내면서도, 정작 '인간너머'에 함축된 높은 윤리적 의미에는 등을 돌린 채 기꺼이 '마지막 인간'의 삶을 살고 있는가? "피로써" 글을 쓴 사람인 그는, 피란 정신이고, 남의 피(정신)를 이해하기란 쉽지 않은 일이며, "읽을 때 게으른 자들"을 미워한다고 말했지만, 그 말조차도 제대로 들으려 하지 않는 것인가?

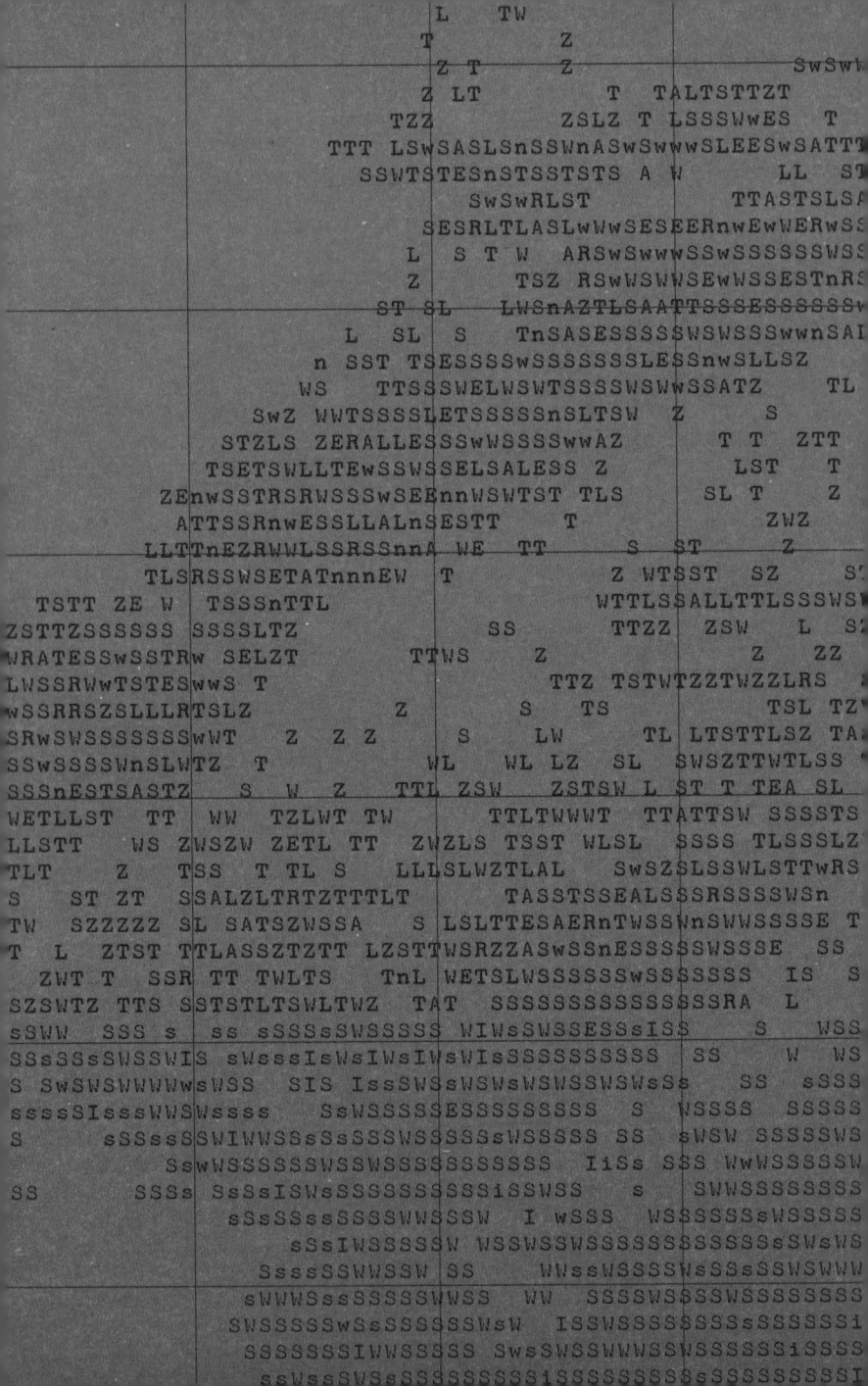

제2부

성공의 길, 유혹자 바그너

제1장

소년들을 유혹하다

유혹자 바그너

리하르트 바그너(1813~1883)는 19세기에 유행하던 그랜드 오페라들을 무대에 올려, 살아서 이미 대단한 성공을 거둔 예술가다. 매우 힘든 어린 시절에 이어 긴 세월을 유럽의 떠돌이 예술가로 살았고, 쉰 살이 넘어서는 완전히 파산해 도망치던 중 방금 즉위한 어린 왕에게서 경제적 구원을 받았다. 그 뒤로는 귀족처럼 살았다. 말년에는 통일 제국을 대표하는 예술가로서, 제국의 황제나 세계 다른 나라의 정상들과 나란히 서는 자리에 오른 사람이다.

바그너가 거둔 어지럼증 나는 성공의 비결은 무대에서 펼쳐지는, 장엄한 음악과 합쳐진 결혼식, 세례식, 특히 장례식 등의 제의(祭儀) 행사들이었다. 그 밖에도 매우 강렬한 경연 대회 장면이나 칼싸움 같은 것도 바그너의 대형 무대에 여러 번 등장한다. 한번 제대로 보고 들으면 잊기 어려운 장면과 음악이다.

니체는 그 시대에 이미 이런 거대한 성공이 "음악의 역사에 속하지 않는 것"이라고 비판했거니와, 실제로 이런 거대 양식은 뒷날 히틀러가 직접 주도한 국가 행사에서 더 큰 규모로 되풀이되었다. 니체의 바그너 비판은《게르만 신화 바그너 히틀러》에서 비교적 상세히 다루었으므로 여기서 되풀이하지 않는다.

니체의 분석에 따르면 바그너는 이런 대형 무대를 통해 특히 젊은이들을 강렬하게 사로잡고, 그들에게 알코올 중독과 비슷한 중독 효과를 냈다. 바그너는 확신이 없는 사람들을 놀라운 세뇌 효과로 사로잡는 경이로운 유혹자라는 것이다 (바그너가 유혹자라는 것은 그의 삶을 통해서도 입증된다). 특히 소년 시절에 그의 음악에 접촉한 사람들은 평생 그 영향에서 벗어나지 못했다. 가장 생생한 증언의 목소리가 토마스 만의 에세이, 관찰, 편지 등을 모아놓은《바그너와 우리 시대》에 들어 있다.

이번 장에서는 바그너의 음악과 예술의 전체적인 면모나 그에 대한 비판을 다루지는 않는다. 그것은 다른 책에서 이미 다룬 내용이다. 여기서는 바그너의 흥미로운 생애 이야기 일부만을 다룬다. 자기 시대의 역사와 고난을 거의 모조리 겪으며, 작가로서 글도 많이 쓴 바그너가 실제 삶에서 만들어낸 몇 가지 에피소드를 특히 '유혹자'라는 관점에서 짚어보기로 한다. 그는 주로 소년들과 여인들에게 강렬한 힘을 발휘한 유혹자였다.

바그너 오페라의 전체적인 주제는 "순결함을 통한 구원"이라고 요약할 수 있을 것 같다. 특히 〈탄호이저〉와 〈파르지팔〉은 이런 측면에서 매우 유사한 흐름을 보인다. 두 작품에는 몹시 마음을 홀리는 유혹의 음악이 등장하고, 지고지순한 정신이 그런 유혹에 맞서 마지막에 승리를 거두면서 주인공은 구원받거나(탄호이저) 자신이 세계를 구원하는 위치에 서게(파르지팔) 된다.

작품 전체를 통해 거의 기독교 세례식과 장례식을 담아낸 마지막 작품 〈파르지팔〉에도 매혹적인 유혹의 음악이 잠깐 나오지만, 젊은 날의 작품 〈탄호이저〉에서는 아름다운 육체의 유혹이 더욱 강렬하게 등장한다. 여기 나오는 "가수들의 전쟁"은, "사랑이란 (일방적인) 순결함과 희생이냐, 아니면 육체의 쾌락을 포함하는 (상대적으로) 공정한 주고받기냐?"를 놓고 벌이는 싸움질이기도 하다. 이는 바그너의 개인적인 질문은 아니고, 중세 도이치 기사문학 작품에 나타난 논쟁이었다.

오페라의 서곡들은 대체로 작품 전체를 간략하게 압축해 들려주는데, 〈탄호이저〉 서곡에도 전체 주제가 아주 잘 드러나 있다. 〈순례자의 합창〉으로 우리에게도 널리 알려진 마지막 장면의 음악은, 순수한 여주인공의 희생을 알게 된

존 콜리어, 〈베누스산의 탄호이저〉(1901).

탄호이저가 유혹을 떨치고 일어나 영혼의 구원을 향해 나아가는 순간을 보여주는 곡이다. 서곡에서도 이런 희생과 구원의 음악이 전체를 주도한다.

하지만 이 작품에서 베누스의 세계를 나타내는 육체적 유혹의 음악을 익힌 사람이라면, 이 유혹의 음악이 얼마나 매혹적으로 서곡 전체를 뚫고 흐르는지 그 황홀한 배치에 경탄하게 된다. 음악적으로 (희생과) 구원이 강해질수록 배후에서 울리는 유혹의 음악이 현란해진다. 유혹자 바그너의 비상한 구성 능력과 균형 능력이 절묘한 대치를 보이는 가운데 순결과 구원이 승리를 거둔다. 십오 분이 채 걸리지 않는 이 서곡은 바그너의 음악 세계에 입문하기 좋은 곡이다. 감각적(sinnlich, sensual) 표현 능력이 뛰어난 지휘자 시노폴리의 해석은 우리 마음을 사로잡는다.

바이에른 왕국의 루드비히 2세

젊은 왕

1864년 5월 4일, 바이에른 왕국의 수도 뮌헨에서 바그너는 처음으로 젊은 왕을 알현했다. 왕은 엄격한 세자 교육을 받다가 갑자기 왕위에 오른 열아홉 살 소년, 예술가는 유럽 전역을 떠돌며 산전수전 다 겪은 노회한(늙은 여우) 쉰두 살 사내였다. 뮌헨 대학 신입생이던 왕세자는 부왕(父王) 막시밀리안 2세가 하찮은 상처가 악화해 생긴 염증으로 3월 10일 갑자기 사망하자 같은 날 왕위에 올랐다. 하루도 왕위를 비워둘 수 없었기 때문이다.

젊은 왕은 엄격한 아버지의 감시가 사라진 것을 느끼자마자 지겨운 공부 대신 자신의 공상에 따라 그야말로 동화 같은 생각을 실천에 옮기기 시작했다. 그는 예술과 정치가 손에 손을 잡고 함께 가야 한다는 낭만적인 생각을 품고 있었다. 왕국의 재정 일부를 마음대로 다룰 수 있게 된 그가 맨 먼저 착수한 일이 예술가 바그너를 후원한 유명한 사건이다.

뒷날 그는 알프스 자락에 노이슈반슈타인 등 아름다운 성(城)들을 건설해서 오늘날까지도 독일의 가장 유명한 관광

알프스 자락의 노이슈반슈타인성.

지가 되어 있다. 어쨌든 왕위에 오르자마자 그는 맨 처음 통치행위로 바그너를 초빙할 특사를 파견했다. 하지만 그게 생각처럼 쉽지는 않아서 잠깐 막간극이 펼쳐졌다.

도망자 바그너를 구하다

바그너는 때마침 빚에 몰려 오스트리아 빈에서 도망쳐 어딘가로 잠적한 상태였다. 바그너를 찾으려는 열의가 별로 없던 신하는 그가 어디 있는지 제대로 알아보려 하지도 않고 뭉그적댔다. 바그너는 작곡가 겸 지휘자로 유럽 전역에 이름을 날리고 있었는데도, 쉰 살이 넘도록 여전히 유럽의 뜨내기 신세를 면하지 못했다. 1849년(36세) 혁명에 동참했다가 드레스덴에서 도망쳐 취리히에서 망명 생활을 할 때는 그나마 정치적인 망명객이라는 핑계라도 댈 수 있었다. 하지만 1862년(49세) 망명에서 돌아와 빈에 정착했다가 빚에 쫓겨 채무자 감옥을 피해 도망쳤을 때(1864)는 그야말로 참담한 처지였다.

빈에서 그는 〈트리스탄과 이졸데〉(이하 〈트리스탄〉)를 무대에 올리면 크게 성공할 거라고 굳게 믿었다. 중세의 간통 소설을 소재로 하는 흥미로운 줄거리의 오페라가 대중의 인기를 얻을 거라고 계산한 것이다. 하지만 현실은 기대와 전혀 달랐다. 바그너가 여러 가지 음악적인 혁신과 실험을 이 오페라에 도입한 탓에 가수들이 도대체 노래를 소화할 수 없어 일이 꼬인 것이다(물론 이런 혁신과 실험 덕에 바그너는 위대한 음악가 반열에 올라선다).

오페라 전체에서 빈번한 조바꿈과 아울러 반음계 위주로 불협화음의 노래가 이어지는데, 이는 그때까지의 고전음악에는 전혀 알려지지 않은 종류의 음악이었다. 그렇지 않아도 바그너 오페라에서 가수들은 대규모 오케스트라를 뚫고 노래해야 하기에 특별한 기량과 성량을 지녀야 한다. 그런데 거기 더해 완전히 새로운, 사실상 혁명적인 방식의 노래를 불러야 하니 역량 있는 가수들도 그것을 소화하기 힘들었다. 덕분에 당시 수준 높은 빈 오페라단도 무려 일흔일곱 번의 연습 끝에 결국은 공연을 포기하고 말았다.•

 이것이 바그너에게 심각한 재정 문제를 일으켰다. 〈트리스탄〉의 성공을 굳게 믿고서 그는 원래의 성향대로 집을 사치스럽게 꾸미는 데 번 돈을 탈탈 털어 넣었을 뿐만 아니라 많은 빚까지 졌다. 하지만 오페라가 무대에 오르지도 못하면서 빚을 갚을 길이 없어졌다. 빚을 갚지 못하면 당시 악명 높은 채무자 감옥에 갇힐 판이었다. 그런 수치를 견딜 수 없었기에 그는 거의 모든 것을 그대로 놓아둔 채 빈에서 도망쳤다. 스위스로 갔지만 지난번 망명 시기에 이미 가능한 모든 친구에게서 여러 후원을 받은 탓에, 이번엔 겨우 여비 정도만 마련할 수 있었다. 그는 뮌헨을 거쳐 1864년 4월 29일에 슈투트가르트의 한 호텔(칸슈타트의 마르크바르트 호텔) 방으

• 1865년 왕의 후원으로 뮌헨 궁정 극장에서 이 오페라가 초연되었다. 하지만 주연을 맡은 여가수는 연습 도중 성대가 말썽을 부려서 공연 날짜를 한 달이나 연기해야 했다. 뒤이어 초연이 성공적으로 끝나고 겨우 며칠 만에 스물아홉 살의 젊은 주인공 테너 가수가 티푸스로 죽었다. 연습과 공연의 스트레스가 작용한 탓으로 보인다. 7년 뒤에 이루어진 두 번째 공연에서는 주인공 역의 테너와 소프라노가 부부였는데, 이들은 종신연금을 약속받고서야 공연에 동참했다. 그 뒤로는 별문제 없이 공연이 이루어졌다.

로―역시 어느 후원자의 도움으로―숨어들었다.

이 호텔에 들어가기에 앞서 그가 뮌헨에 들렀을 때는, 젊은 왕이 즉위하고 아직 며칠밖에 지나지 않았을 때다. 뮌헨에 이틀을 머물렀는데, 그는 춥고 사나운 날씨에 슬픈 감상에 젖어 거리를 걷다가 어느 진열창에 내걸린 젊은 왕의 초상화를 보았다. 새로운 왕은 특별히 아름다운 젊은이였다. 바그너는 "유머러스한 자신의 묘비명"을 썼다고 말한다. 말은 그래도 온통 비비 꼬인 글이다.

> 여기 바그너 잠들다. 아무것도 되지 못했으니,
> 가장 너덜너덜한 수도회의 기사도 되지 못했고
> 난롯가의 개 한 마리 꾀어내지 못했네,
> 하물며 대학의 박사를 어찌 꾀어내리.

뮌헨, 1864년 3월 25일•

돌이켜보면 젊은 왕이 애타게 찾던 바그너가 실은 같은 도시에 잠시 머물며 이렇듯 비참한 기분에 잠겨 있었던 것이

• Dirk Heißner, *Ludwig II*, S. 31.

다. 왕의 채근을 받고서야 마지못해 바그너를 찾아 나선 신하가 마침내 슈투트가르트 호텔 바그너의 방문 앞에 나타났다. 왕의 신하가 왔다는 전갈을 듣자, 자신의 처지에 잔뜩 주눅이 들어 있던 바그너는 도피처가 들통나서 체포되는 건가 하고 두려워했다. 하지만 신하는 왕의 반지와 초상화를 선물로 전하면서 작곡가를 초대한다는 메시지도 전했다. 다음 날인 5월 4일 뮌헨의 궁전에서 왕과 작곡가는 처음으로 만났다.

키가 191센티미터나 되는 왕은 외모가 특히 아름다운 젊은이였고, 망가질 대로 망가진 바그너는 166센티미터의 키로 상당히 작은 편이었다. 바그너는 전에 《니벨룽의 반지》 대본집을 (작곡이 완료되지 않은 상태에서) 출판하면서, 이런 대규모 작품의 작곡과 공연을 위해서는 어떤 영주의 후원이 절실하다는 자신의 소망도 함께 적었다.

열세 살에 가정교사가 들려주는 〈로엔그린〉 이야기를 접한 뒤로 바그너 작품에 완전히 홀려 있던 왕세자는 그 글을 읽고 마음에 새겨두었다가 왕이 되자마자 그것을 기억해낸 것이다. 그러고는 〈로엔그린〉에서 백조가 끄는 배를 타고 나타나는 신비로운 '백조의 기사'처럼 젊은 왕은 시인 – 작곡가에게 '기적'의 구원자로 등장했다.

위대한 성과

이 순간부터 바그너의 재정적 근심은 일단 모조리 사라졌다. 물론 그가 뒷날 바이로이트로 이주해 축제 극장을 건설하기 시작하면서(1872) 다시 재정적인 문제가 나타나지만, 그것은 전혀 다른 차원의 문제였다. 뮌헨에서 바그너를 접견한 왕은 곧바로 빈에 남아 있는 그의 채무를 모조리 정리했다. 빚을 피해 도망치던 바그너는 완전히 자유를 되찾았다. 동시에 뮌헨 근교에 바그너가 거주할 집이 마련되었다. 바그너는 앞으로 완성할, 또는 새로 창작할 작품들의 목록을 왕에게 제출했다. 이 목록에는 그의 마지막 작품 〈파르지팔〉에 이르기까지 모든 작품이 포함되어 있었다.

루드비히 2세의 바그너 후원은, 르네상스 시대부터 유럽에서 전통이 된 귀족과 부자들의 예술가 후원 중에서도 가장 유명한 예에 속한다. 이는 르네상스 시대 이탈리아 영주와 부자들이 유명한 3대 거장(레오나르도, 미켈란젤로, 라파엘로)을 비롯해 수많은 학자와 예술가를 후원한 일에 견줄 만한 사건이다.

만일 이 순간 어린 루드비히 왕이 바그너를 구하지 않았다면, 아마도 바그너의 《반지》는 세상에 나오기 어려웠을 것이다. 바그너 자신이 작곡 도중 창작을 포기하고 접어버렸기 때문이다. 또한 후세는 오늘날 알려진 바그너라는 위대한 음악가를 만나지 못했을 가능성이 크다. 그는 이미 〈트리스탄〉까지는 완성했지만, 왕을 만나고 나서야 그 후원 아래 비로소 〈트리스탄〉을 무대에 올리고, 희극인 〈뉘른베르크의 장인 가수들〉을 창작한 다음 《반지》 4부작을 완성했으며, 마지막으로 〈파르지팔〉(《반지》 4편을 합쳐 총 6편의 대표작)을 더 완성했다. 저 채무자-도망자 신세로는 이런 창작 활동이 아마도 어려웠을 것이다.

왕의 후원은 예술 창작과 더불어 삶의 측면에서도 바그너에게 거대한 구원이었다. 바그너가 계속 일하기 위해서는 도망자 신세를 면할 뿐만 아니라 생활의 안정이 무엇보다도 절실했다. 그는 1858년 취리히를 떠날 때 아내와 이혼은 안 했어도 항구적으로 이별했고, 그 뒤로 5~6년째 홀로 유럽의 떠돌이 생활을 계속하는 중이었다.

이제 왕의 도움으로 뮌헨 근교에 집이 마련되자 곧바로 그는 자기에게 오라는 초대 편지를 한두 명의 여성에게 보냈다. 그의 편지를 받고 유부녀인 코지마가 베를린에서 두 딸을 데리고 즉시 뮌헨으로 달려왔다. 두 사람의 이야기는 뒤에서 좀 더 다룰 것이다. 그들은 함께 살다가—물론 수많은 추문을 일으키며—뒷날 루체른에서 결혼식을 올린다. 큰 야망을 품은 젊은 여성의 적극적인 지원을 받으며 바그너는 작품 창작에 온 힘을 다했고, 빠른 속도로 경이로운 작품들이 만들어졌다.

니체가 사랑하는 여인에게 거부당하고 죽을힘을 다해 놀라운 영감의 작품《차라투스트라》를 썼다면, 바그너는 안정되고 편안한 환경에서 비로소 전대미문의 초대형 작품《반지》4부작을 완성할 수 있었다.

바그너, 뮌헨에서 쫓겨나다

왕을 만나고 1년이 지났을 때, 빈의 무대에 오르지도 못했던 〈트리스탄〉이 뮌헨에서 초연되어(1865) 큰 성공을 거두었다. 바그너를 몹시 존경한 지휘자 한스 폰 뷜로(당시 코지마의 법적인 남편)가 베를린에서 초빙되고, 뛰어난 테너와 소프라노 가수들도 부르고 온갖 무대장치와 연출 등 큰 비용이 요구되는 것들에 대해 왕의 적극적인 후원이 있었으니 가능한 일이었다. 그 이후로도 바그너의 작품들은 뮌헨의 궁정극장에서 초연되거나 거듭 공연되었다. 또한 왕과 예술가는 아예 바그너 오페라 전용 극장을 짓기 위해 터를 잡고, 유명한 건축가 젬퍼(Semper, 1803~1879)를 불러다가 설계도까지 만들었다.

하지만 바그너를 둘러싸고 여러 문제가 드러나기 시작했다. 바이에른 사람들 눈에 바그너는 실로 돈이 많이 드는 사람이었다. 그의 작품 공연이 그렇고 생활비도 만만치 않은데, 이제는 극장 건설까지 논의되니 바그너는 많은 궁신에게 눈엣가시였다. 하지만 무엇보다도 통일국가의 헤게모니를 놓고 프로이센과 오스트리아 사이의 전쟁(1866)이 벌어지기 직전의 위태로운 시기에, (오스트리아와 가깝게 지내던) 바이에른과 적대 관계인 프로이센의 귀족인 한스 폰 뷜로가 지휘자로 초빙되어 온 것이 심각한 국민적 반감을 불러일으켰다. 게다가 비서라던 코지마와의 관계까지 알려지면서 보수적인 바이에른 여론에 바그너는 더 이상 참기 힘든 존재가 되었다.

이런 여러 이유로 바그너가 쫓겨나다시피 갑자기 뮌헨을 떠나면서(1865년 12월) 전용 극장 건설 계획은 없던 일이 되었다. 뒷날 바그너 작품을 위한 전용 극장은 바그너 부부의 노력으로 바이로이트에 지어졌다. 물론 루드비히 왕은 자신이 동원할 수 있는 한 많은 돈을 냈지만, 그것만으로는 턱없이 부족했다. 그런데도 바그너 부부는 바이로이트 음악 축제를 시작했고, 코지마의 엄청난 노력으로 이 축제는 성공적으로 자리를 잡았다.

20대 시절의 니체

니체와의 만남에 대해서는 앞에서 이미 거의 모든 이야기를 했다. 니체는 소년 시절부터 바그너 오페라에 매료된 것은 아니었다. 그가 아직 대학원생이던 1868년에 두 사람은 라이프치히에서 처음으로 만났고, 바젤 대학교의 문헌학 교수가 된 니체가 이듬해 5월 트립셴의 바그너 저택을 방문한 것이 본격적인 만남의 시작이다.

트립셴에서의 첫 만남 이후로 두 사람은 급속히 가까워졌다. 그들이 지닌 정열적인 성격이 이런 관계에 작용한 것이 분명하다. 바그너는 일찍 사별한 니체의 아버지와 같은 나이였고, 이들의 관계가 한창 좋을 때 니체는 트립셴의 여러 자질구레한 일도 떠맡았다.

니체는 바그너의 자서전(《나의 삶》) 전체를 읽으며 조언하고, 오페라 대본 〈지크프리트의 죽음〉(현재 제목 '신들의 황혼') 원고를 정서하기도 했다. 그뿐만 아니라 코지마와 아이들을 위해 바젤에서 과자, 장난감, 레이스, 또는 크리스마스 때 아기 예수를 꾸밀 "황금 별들이 달린 하얀 망사"를 가져오기도 했다. 바그너 집에 인형 극장을 만들어 꾸미기, 사과와 호두를 금색으로 물들이기, 부활절 달걀 감추기도 함께하는 등 이 집의 생활에 즐겁게 동참했다. 이런 자잘한 가정생활은 최근에 와서야 어린 자녀들을 얻은 바그너뿐 아니라 아버지 없이 자란 니체에게도 크나큰 행복이었다.

3년 동안 계속된 이 트립셴 시절에 니체 초기의 대표작인 《비극의 탄생》이 쓰였다. 바그너와의 대화를 염두에 두고 쓰인 이 작품은 바그너 부부에게 무한한 기쁨을 선사했지만, 동시에 니체에게는 문헌학 분야에서의 쓰라린 실패를 가져왔다.

바그너 부부가 트립셴을 떠나면서 두 사람 사이도 차츰 틈이 벌어지기 시작했다. 거리가 멀어지면서 서로의 차이가 더욱 분명해졌다. 평생에 걸쳐 여러 번이나 핵심 사상을 바꾸어온 바그너와는 달리, 니체는 자신의 사상을 일관되게 탐색하는 철저한 사유의 사람이었으니, 예술가의 변덕을 길게 용인할 수가 없었다.

바그너는 젊어서 혁명의 편을 들었다가 오래 망명 생활까지 했지만, 뒷날에는 왕의 친구가 되어 귀족적인 생활을 하면서 그것을 당연한 일로 받아들이고 별다른 모순을 느끼지 않았다. 마찬가지로 쇼펜하우어의 영향으로 전에는 불교와 무신론에 이끌리더니, 나중에는 점점 더 노골적으로 기독교로 방향을 돌렸다. 마지막 작품 〈파르지팔〉은 아예 기독교 예배 의식을 무대에 올려 승화하고 있다.

결국 자신의 핵심적인 사상의 변화를 가볍게 여기는 예술가의 변덕과, 철두철미한 사상가의 길이 두 사람을 갈라놓았다.

바그너는 평생 수많은 사람으로부터 후원을 받았지만, 니체만큼 그가 진심으로 사랑한 사람은 없었던 것 같다. 바이로이트 축제 극장의 기공식 이후에 바그너가 니체에게 보낸 편지에는 이런 구절이 나온다. "정확히 따져서 당신은 내 아내에 뒤이어 삶이 내게 가져다준 유일한 소득이오. 물론 피디(Fidi)[아들의 애칭]도 덧붙여야겠지만." 바그너는 이처럼 친아들에 앞서 니체를 아들처럼 사랑했었다. 그러니 뒷날 니체의 공격과 '배신'을 보며 그가 얼마나 큰 실망감을 느꼈을지 짐작만 할 뿐이다. 그것은 아마도 그의 생애 가장 큰 패배였을 것이다.

니체도 마찬가지였다. 바그너가 죽은 직후 한 친구에게 보낸 편지에는 이런 말이 나온다. "당시 우리는 서로를 사랑했고, 서로를 위해 모든 것을 희망했다. 그것은 다른 어떤 잡생각도 없는 순수한 사랑이었다"(1883년 4월 27일, 페터 가스트에게). 《이 사람을 보라》의 〈나는 어째서 그렇게 똑똑한가?〉 제5장에서 니체는 바그너를 언급한다. 여기서 그는 다음과 같이 말한다.

   어떤 대가를 치르더라도 트립센의 나날을 내 삶에서 빼버리고 싶지 않다. 신뢰와 명랑함, 숭고한 우연들, 심오한 순간들의 나날을……. 다른 사람들이 바그너와 무슨 일을 겪었는지 나는 모른다. 우리의 하늘 위로는 구름 한 점 지나간 적이 없었다.

소년 히틀러

아돌프 히틀러(Adolf Hitler, 1889~1945)는 바그너가 죽은 (1883) 다음에 태어났고, 스위스와는 관계 없이 주로 바이로이트에서 바그너 가족과 직접 관계를 맺었기에 우리 책에서 자세히 다룰 내용은 아니다. 다만 히틀러의 성향과 사상이 만들어지던 시기에 바그너의 영향이 매우 크게 작용했고, 몇 가지 흥미로운 내용도 있어 여기서 간략히 다룬다. 이는 바그너 작품이 한 젊은이의 장래를 결정하는 유혹으로 작용한 대표적 경우라고 볼 수 있다.

히틀러는 오스트리아 린츠(Linz)에서 실업 중학교 학생이던 열세 살(1902) 때, 바그너의 〈로엔그린〉(1850년 초연)을 처음으로 접하고 "단번에 사로잡혔다. 바이로이트의 대가를 향한 소년의 열광은 끝을 몰랐다"라고 《나의 투쟁》에서 회고한다.•

여기서 흥미로운 건 오페라 〈로엔그린〉이 특히 소년들의 폭발적인 관심을 끌었다는 점이다. 바이에른의 루드비히 왕

• Joachim Köhler, *Wagners Hitler*, S. 32에서 재인용.

이 소년 시절에 〈로엔그린〉으로 바그너 작품에 입문했고, 히틀러나 토마스 만도 마찬가지다. 이들은 모두 12~14세 사이에 〈로엔그린〉을 보며 바그너에 열광해 평생 그의 영향에서 완전히 벗어나지 못한 사람들이다. 도대체 이 오페라는 어떤 마법을 가졌기에 이런 힘을 발휘했던가?

중세 배경의 오페라 〈로엔그린〉

〈로엔그린〉은 브라반트(오늘날 네덜란드) 공작의 딸 엘사(Elsa)가 여주인공으로 등장하는 오페라다. 중세 유럽에서 공작은 꽤 큰 지역의 통치자이니, 우리식으로 따지면 그 지역의 왕인 셈이다.

제1막. 줄거리

브라반트 공작은 죽으면서 어린 남매 엘사와 고트프리트(Gottfried)를 보살피는 일과 나라의 통치권을 텔라문트(Telramund) 백작에게 맡겼다. 물론 아들이 자라면 통치권은 당연히 아들에게 되돌아간다. 그러니까 텔라문트는 임시로 통치권을 얻은 섭정이지만 충실한 신하가 아니었든지, 자기가 엘사 공주와 혼인해서 어떻게든 나라를 차지할 속셈이었다. 하지만 순결한 소녀 엘사는 나이 들고 음흉한 그를 거절했고, 실망한 백작은 다른 여자와 혼인했다.

그러고 얼마 지나지 않아 어린(열두어 살 정도?) 동생 고트프리트가 실종되었다. 텔라문트는 동생이 없어져 슬퍼하는 엘사를 두고, 그녀가 통치권을 애인에게 넘겨줄 속셈으로 동생을 죽였다고 고발한다. 이 고발을 판결하기 위해 역사상 실존 인물인 하인리히 왕(재위 919~936)이 몸소 브라반트로 온다. 그것 말고도 헝가리의 침입을 받아 나라가 위태로운 지경이라(이 또한 역사적 사실) 용사와 군대를 얻으려는 의도도 있었다.

텔라문트가 내놓은 고발은 입증할 수 없지만 반박도 할 수 없는 하나의 주장이었다. 중세에는 특히 기사(귀족) 계급 사이에서 이렇게 입증도 반박도 할 수 없는 고발이 나타날 때, 유용하게 쓸 수 있는 카드가 있었으니 바로 "신의 심판"이라 불리던 결투였다. 이는 기사들이 결투로 승부를 가를 수 있게 해주는 명분이기도 했다. 텔라문트는 "신의 심판"의 전통에 따라 이렇게 선포한다. "나는 내 주장을 입증하기 위해 목숨을 걸고 결투할 각오가 되어 있다. 엘사를 위해—역시 목숨을 걸고—대신 나서줄 기사가 있는가?" 왕도 달리 도리가 없으니 결투를 통한 신의 판결을 기다릴 수밖에 없다.

하지만 브라반트에서 가장 용감한 기사 텔라문트에 맞서

엘사를 위해 대신 싸우겠노라고 나서는 기사가 한 명도 없다. 아무도 나서지 않아 결투가 성립되지 않는다면 자동으로 텔라문트가 승리하고, 그녀의 운명은 텔라문트의 손에 맡겨지니 그녀는 목숨마저 위태로운 상황이다. 엘사는 텔라문트의 고발에 맞서 어떤 항변도 없이, 오직 꿈 이야기만 한다. 꿈속에서 신이 기사를 보내주었다며 하늘을 향해 기도를 올린다. 시간이 흐르고 더는 기다릴 수 없어 왕이 판결을 발표해야 할 순간에, 스헬더 강변에 백조가 끄는 배가 도착한다. 그 배에서 내려 (흔히) 백조처럼 순백의 옷차림으로 등장하는 주인공이 "백조의 기사"다.

그는 엘사를 위해 결투를 하겠지만 한 가지 조건이 있단다. 그녀가 자신의 이름과 출신지를 묻지 않겠노라고 약속한다면, 결투에서 이기고 나서 그녀와 혼인하겠단다. 당장 죽을 처지에서 희망이 되살아난 엘사는 아름답고 젊은 기사의 제안에 진지하게 동의한다. 백조의 기사는, 결투에서 이긴 다음 왕을 위해 헝가리에 맞선 전투에도 동참하겠노라고 약속한다.

이어서 무대 위에서 장엄한 음악과 함께 텔라문트와 백조의 기사 사이에 짧지만 매우 강렬한 결투 장면이 펼쳐진다. 물론 백조의 기사가 승리하고, 엘사와 기사의 결혼식은 그

이튿날로 정해진다.

제2막. 줄거리

하지만 백조의 기사는 패배한 텔라문트를 살려주었다. 그날 밤 어둠을 틈타 텔라문트 부부는 복수의 음모를 꾸민다. 텔라문트가 결혼한 여자는 옛날 게르만 신들인 보단[보탄]과 프라야를 섬기는 인물(마녀)로, 그녀는 거짓말로 남편을 꾀어 남편에게는 복수를 약속하고, 순진한 엘사도 그녀의 간계에 속아 넘어가 그녀를 궁 안으로 받아들인다. 이튿날 화려한 결혼식 행렬에서 텔라문트 부부가 벌이는 작은 소동.

제3막. 줄거리

처음에 첫날밤을 위한 화려한 웨딩 행렬(우리에게 알려진 결혼행진곡과 함께). 신방에서는 텔라문트 여사의 말에 속아 넘어간 신부가 신랑에게 그의 이름과 출신을 묻는다. 그녀의 단호한 물음에 새신랑은 날이 밝으면 모든 사람 앞에서 답변하겠노라고 대답한다.

  날이 밝자— 전쟁에 나서기 위해— 왕과 모든 신하와 귀부인이 모였다. 여기서 밝히는 기사의 이름은 로엔그린, 그는 저 머나먼 "성배(聖杯, Gral)의 성(城)"에서 엘사의 기도를 듣고 파견한 인물, 그러나 그가 엘사 곁에 계속 머물려면, 그녀가 그의 이름도, 이런 고귀한 출신도 알면 안 된다는 게 성배성의 조건이다. 신부가 이미 그 조건을 깨뜨렸으니, 성배의 기사는 자기가 떠나온 곳으로 돌아가야 한다. 떠나기 직전 그는 엘사에게, 사라진 동생이 1년 뒤에 돌아오면 주라며 칼과 반지를 남긴다. 이 순간 텔라문트의 아내가 웃음을 터뜨리며, 자신의 음모가 성공했다고 좋아한다.

그 꼴을 보고 기사는 아무 말 없이 자기가 타고 온 배 위로 올라가 기도를 올린다. 그러자 백조가 사라지고 대신 소년 고트프리트가 나타난다. 소년은 텔라문트 여사가 부린 마법 때문에 백조로 변했던 것. 마법에서 풀려난 동생에게 엘사는 기사가 남긴 칼과 반지를 전하고, 소년은 이제 새로운 브라반트 공작이 된다. 로엔그린이 떠날 때, 신랑을 잃은 고통을 견디지 못하는 엘사가 쓰러져 죽으며 막이 내린다.

낭만적 오페라

바그너는 이 오페라에 '3막짜리 낭만적 오페라'라는 부제를 붙였다. 여기서 '낭만적'이라는 말이 약간의 오해를 불러일으킨다. 우리는 흔히 이 낱말을 남녀 사이의 감상적이고 감미로운 분위기라는 뜻으로 생각한다. 물론 그런 뜻도 있지만, 다른 의미가 더 있다. 19세기 독일 낭만주의 문학 운동의 특징이기도 한데, 여기서 '낭만적'이란 말에는 '중세', '기독교 기사들의', '기사의 사랑', '결투' 등의 내용이 포함된다. 또한 '알 수 없는 먼 곳을 향한 동경', '현실적이기보다 환상적인', '죽음을 동경하는', '꿈결 같은', '사변적인' 등의 의미도 포함된다. 이런 모든 낭만주의 문학의 요소가 바그너의 다른 어떤 오페라보다 이 작품에서 강하게 드러난다.

이 오페라에는 여주인공 엘사와 백조의 기사가 만나서 결혼식을 올리고는 곧바로 다시 작별하는 과정이 등장한다. 그리고 게르만 신들을 섬기는 텔라문트 부부가 이들과 대립한다. 로엔그린은 기독교의 보물인 성배를 수호하는 성배성 소속의 기사인데, 이런 로엔그린의 신분 자체가 이미 낭만적이다. 그의 이름과 출신이 비밀이 되는 것은, 성배가 그만큼 소중한 보물이기 때문이며, 또한 낭만주의가 쉽사리 접근할 수 없는 머나먼 영역을 동경하기 때문이기도 하다.

이 낭만적인 오페라에서 소년 고트프리트는 무대에 등장하기는 하지만 대사 한마디, 노래 한 소절도 없다. 하지만 엘사를 곤경에서 구하기 위해 등장한 백조의 기사는 마지막에 엘사를 죽음으로 이끌고, 대신 그녀의 동생 고트프리트를 구원한다. 마법에서 풀려난 소년은 자신의 권리를 되찾아 브라반트 공작이 되고, 머나먼 꿈속의 나라를 동경하는 엘사는 간절한 사랑의 아픔으로 죽음의 길을 떠난다.

아릿하고 슬픈 결말이지만 동화처럼 재미있는 이 오페라의 줄거리를 완전히 이해한다면, 그리고 그 아름다운 서곡과 오페라 전체의 웅장하고 신비로운 음악을 여러 번 들어 익숙해진다면, 눈앞에 거대한 세계와 불안한 삶이 놓여 있음을 바라보는 소년들이 백조의 기사에 열광하는 이유를 짐작할 수 있다. 머나먼 곳에 있다는 성배의 성, 백조가 끄는 배를 타고 와 빛 속에 등장하는 신비로운 기사의 출현 방식과 빛 속으로 도로 사라지는 퇴장의 방식(물론 연출에 따라 다르지만), 용감하고 아름다운, 하얀 옷의 젊은 기사, 무엇보다도 어린 소년을 음모와 모진 운명에서 구원해주는 사람!

히틀러의 경우

이 줄거리를 읽고 나면 열세 살 히틀러가 오스트리아 린츠에서 처음으로 이 오페라를 보고 다른 소년들처럼 끝 모를 열광을 느낀 이유를 이해할 수 있다. 원래 천재적인 조숙함을 보이던 그는 나쁜 성적을 뒤로 실업학교에서 중퇴하고는 이미 평생을 "예술에 바치기로" 결심하고 있었다. 공부에는 별 관심이 없고 주변에 친구도 거의 없이 고립된, 약간 시건방

노이슈반슈타인(백조성)에 그려진 로엔그린의 모습.

진 소년이던 그는 자신이 스케치에 재능이 있다는 사실을 알게 되면서, 예술가들은 속박 없이 자유롭게 살 수 있을 거라는 시골 소년의 망상에서 예술가의 꿈을 품게 된 것이다. 전기 작가 요하임 페스트(Joachim Fest, 1926~2006)에 따르면 히틀러는 이 시절에 예술을 통한 신분 상승을 꿈꾸었다.

때마침 소년들에게 특별한 유혹의 힘을 발휘하는 바그너의 오페라까지 만나자 예술가가 되려는 욕구는 더욱 확고해진다. 실업학교 졸업장도 없고 별다른 준비도 없이 그는 당시 유명한 빈 미술 아카데미에 입학하려고 빈으로 상경했다. 물론 학력도 실력도 없으니 두 번이나 입시에서 낙방했지만, 어머니가 세상을 떠난 뒤로는 아예 빈에 정착했다. 학교에 들어가지 못해 어떤 소속이나 친구도 없이 부모의 유산으로 근근이 지내다가 시간이 흐르자 서툰 솜씨로 그린 그림들을 팔아 생활비에 보태기도 했다. 그의 그림들은 당시의 유행에 따라 안락의자 등받이의 장식으로 들어갔다.

빈에서 그는 이렇게 10대 후반을 보내며 많은 양의 독서를 통해 당시 유행하던 온갖 사조를 빨아들이고, 기회가 될 때마다 오페라 극장을 찾았다. 20세기 초에 오페라 극장들이 바그너로 먹고산다고 말할 정도로 바그너 작품은 인기가 있었다.

그러니까 히틀러는 청소년기에 빈에서 주로 독서와 오페라 관람을 통해 독학한 사람이다. 국제적인 대도시 빈은 그 모든 것을 넉넉히 제공해주었다. 이 시기의 그에게 바그너는 음악에서만의 우상이 아니었다. 젊은 날의 온갖 난관을 극복하고 "세계적 명성을 얻은 바그너의 삶"을 그는 자기 삶의 모범으로 여겨 흉내 내려 애썼고, 실제로 비슷한 점도 차츰 더 많아졌다.

히틀러는 빈에서 반유대주의 사상을 습득했는데, 바그너의 저술이 여기에 상당히 크게 기여했다. 그것 말고도 유대인이 주도하던 빈의 증권시장 붕괴로 인해 당시 빈에서 반유대주의 정서가 널리 퍼진 것도 함께 작용했다. 그는 유행하는 사조를 재빨리 흡수하는 사람이었기 때문이다.

히틀러의 성장기에 바그너의 영향이 워낙 컸고, 그것이 히틀러의 후기 활동에도 상당히 많이 작용했기 때문에 요아힘 쾰러 같은 학자는 유대인 학살에 이르는 그의 이념마저 바그너를 통해 키워진 것이라고 본다. 어쨌든 뒷날 히틀러가 직접 연출한 대규모 국가 행사들은 젊은 날 그가 바그너의 대형 오페라 무대를 통해 학습한 결과 나온 것이었다.

빈 시절 히틀러가 많은 독서를 통해 그 시대의 유행하던 흐름을 흡수했다고는 하지만, 그것은 어떤 제한이나 체계도 없이 마음 내키는 대로 이루어진 일이었다. 당연히 읽기 편한 자료를 제멋대로 받아들였다. 당대 유행하던 잡다한 팸플릿과 신문 등 깊이 신뢰하기 힘든 자료가 대부분이었다. 그것은 독학자 히틀러에게 치명적인 흔적을 남겨서 뒷날 그의 자서전인《나의 투쟁》에는 체계 없고 오염된 언어와 사상이 분명하게 드러난다. 그의 사상이 졸렬한 것이었음에도 그는 놀랍도록 투철한 이념의 인간이었으니, 처음에 엉터리로 습득한 이념을 생애 마지막까지 붙잡고 놓지 않았다.

예술 작품, 특히 〈로엔그린〉처럼 환상적 동화 같은 작품을 소년들이 좋아하는 것은 아마 당연한 일이겠지만, 그래도 어떻게든 비판과 균형감을 익혀야 올바른 작품 감상에 도달할 수 있고, 나아가 삶에서도 현실적이고 적절한 태도를 지킬 수 있다. 적절히 통제되지 않은 환상은 언제나 위험할 수 있다.

정치 영역에서 분명한 천재의 감각을 지녔던 히틀러는 총통이 되고 나서 처음 몇 년 동안— 많은 문제를 드러냈음에도— 매우 성공적인 정치 지도자였고, 그 뒤로도 역사상 드문 통치자로 남을 기회가 여러 번 있었다. 하지만 현기증 나는 성공의 절정에서도 그는 현실감과 균형감을 얻지 못하고 기묘한 자기만의 이념에 사로잡힌 채 환상적인 생각들을 좇다가 마지막에 완전히 막다른 길에 몰려 자살했다. 그는 실로 투철한 이념의 인간인 것이다. 그 자세한 내용은 다른 책에서 다룬다.

소년 토마스 만

노벨문학상을 받은 작가 토마스 만도 10대 초에 〈로엔그린〉을 만나 완전히 빨려 들어갔다. 1908년(33세)에 쓴 글에서 그는 특유의 아이러니를 잔뜩 섞은 채로, 고향 도시 뤼베크의 시립 극장에서 처음 바그너 작품을 만나던 시절의 이야기를 들려준다.*

표를 사서 (영화관 말고, 무대 공연이 이루어지는) 극장에 들어가고, 연극 또는 다른 공연들을 보지만 아름다운 여성들의 분홍색 스타킹을 신은 다리에 흥분하고, 중간 휴식 시간이면 로비에서 파는 생크림 얹은 케이크를 좋아하던 시절, 그 굉장한 즐거움을 '미적인' 체험이라 부를 수 있을까? 학교와 집은 뒷전이고, 극장에서 온갖 이국적 충동과 영혼의 탈선을 맛보던 일을? 처음에 그런 것이 순수하고 명랑하고 신뢰할 만한 힘을 주는 작용을 했던 것은 아니다.

어쨌든 이 극장에서 그는 바그너의 예술과도 처음으로 만

---

* 토마스 만,《바그너와 우리 시대》, 29쪽 이후(1908년, 33세), 104쪽 이후(1930년, 55세).

났다. 당시 유명하던 젊은 테너 가수 에밀 게르호이저가 시립 극장 오페라의 주인공으로 등장해서 자주 로엔그린 역을 노래했고, 또 〈탄호이저〉와 〈뉘른베르크의 장인 가수들〉의 테너 역도 맡았다. 소년 토마스 만은 이 극장에서 가장 저렴한 '지층(地層) 입석' 다음으로 싼 좌석 하나를 거의 자신만의 '고정석'으로 만들어 바그너 작품을 매번 관람했기에, 그 시절에 본 〈로엔그린〉을 "지금도"(55세) 거의 외우다시피 한단다. 그에게 "리하르트 바그너의 음악은 우리 시대를 조금이라도 이해하려고 한다면 반드시 알아야 하는 현대음악"이었다. 그리고 "이 음악, 오로지 이것만이" 그를 "평생 극장으로 불러들였다".

그는—히틀러가 정권을 잡은 직후인—1933년(58세) 2월 바그너의 사망 50주기를 맞이해 뮌헨 대학교 강당에서 괴테 학회의 요청으로 '리하르트 바그너의 고난과 위대함'이라는 제목의 강연을 했다. 이 강연에서 그는 다음과 같이 말한다.

바그너 작품을 알게 된 이후로, 그리고 인식을 지니고 작품을 꿰뚫어 볼 수 있게 된 이후로, 마법을 지닌 바그너 작품을 향한 열정이 줄곧 내 삶과 함께해왔다. 그의 작품을 즐기며 거기서 배운 사람으로서 나는 거기서 얻은 것을 절대 잊을 수 없고, 극장의 군중 사이에서 누린 깊고도 고독한 행복의 시간들도 잊을 수 없다. 오로지 이 예술만이 제공하는 신경 및 지성의 떨림과 쾌감으로 가득 찬 시간들, 감동적인 위대한 의미를 꿰뚫어 보던 그 시간들을 말이다.•

즉 토마스 만은 히틀러와 아주 비슷하게 소년 시절 바그너의 예술을 향해 '격정'을 느꼈고, 또한 그것을 통해 예술가의 길로 들어섰다. 둘 다 학교 공부는 뒷전이고, 열성적인 독서, 바그너 오페라, 무대예술 등에 열광하면서 예술에 대해 많은 것을 배웠다. 그래서인지 토마스 만은 히틀러가 권력의 절정에 있던 1938년 히틀러에게서 "예술가 현상" 일부를 본다고 말하기도 했다.••

히틀러의 전기 작가 페스트에 따르면, 히틀러는 바그너와 몇 가지 특이한 유사성을 갖는다. 조상의 신원을 알기 어렵다는 점, 학교에서의 실패, 군대(훈련)의 도피, 병적인 유대인 증오, 채식주의(바그너는 도중에 중단) 등이다. 특히 히틀러가 자기 삶의 모범인 바그너를 따라 자신을 양식화해나간 덕분에 더욱 비슷해지는데, 두 사람 모두 권력의지와 폭군

- 같은 책, 88쪽 이후.
- •• 요하임 C. 페스트, 《히틀러 평전 1》, 108쪽.

적 성향을 지녔다. 바그너가 이미 예술을 광범위한 정복 의지의 도구로 여겼는데, 히틀러는 말할 나위가 있겠는가.

히틀러, 토마스 만, 그리고 니체

하지만 소년 시절부터 바그너에 열광했다는 점을 빼면, 히틀러와 토마스 만은 비슷한 점이 거의 없다. 가장 큰 차이는 히틀러의 예술적 재능이 "아주 일찍부터 규칙적인 노동을 견디지 못하는 성질 탓에 약화"했다는 점이다(페스트). 그에 반해 토마스 만은 평생 작가로서 거의 매일 규칙적으로 일정한 양의 시간을 창작에 바쳤다. 모두 합치면 엄청난 시간이 된다. 히틀러는 그런 자발적이고 규칙적인 노동을 감당한 적이 없다.

또 다른 근본적인 차이는 바그너의 음악에 심취하던 시절 그들이 몰두한 독서의 종류와 방법에서 나타난다. 독서의 양이 아니라 질에서 차이가 나는 것이다. 토마스 만은 이렇게 말한다. "가장 큰 헌신의 능력을 드러내는 시기[청소년기]는 드물지 않게 심리적으로 가장 자극받기 쉬운 시기이기도 하다." 그는 비판적인 독서를 통해 청소년기의 심리적 자극(숭배하고 좋아하는 마음)을 조절하고 날카롭게 단련했다. 그리고 이렇게 비판적 인식과 합쳐진 헌신을 "눈 밝은 정열"이라 부른다.

그는 처음부터 바그너에 대한 찬양 일색의 문헌들을 쳐다보지도 않았다. 그가 이 시기에 그토록 열렬히 몰두해 읽은 글이 바로 니체의 바그너 비판이었다. 바그너를 사랑하는 토마스 만의 모토는 "인식하는 헌신, 눈 밝은 사랑"이다.

그에 따르면 "사랑의 지적인 이름은 관심인데…… 관심이란 찬양이 아니라 비판이고, 그것도 악의적이고 극히 증오에 찬 비판"이란다. 다만 이때 비판은 정신성이 풍부한 정열의 산물이어야 한다. 그는 니체의 바그너 비판이야말로 독일에서 나온 최고의 비판으로서 그것을 능가하는 바그너 비판은 외국에는 몰라도 독일에는 있을 수 없다고 말한다.

말하자면 니체는 격한 바그너 비판을 통해 오히려 바그너를 올바르게 사랑하는 방법을 도이치 사람들에게 보여주었다는 것이다. 바그너 예술품이 지닌 높은 예술성을 마음껏 사랑하되 거기 들어 있는 문제점들에 대해서도 눈을 크게 뜨고 비판할 줄 알아야 한다. 바그너는 크나큰 인기를 누렸지만, 유독 여러 문제점을 지닌 예술가였기 때문이다.

맹목적인 사랑과 비판적인 사랑

니체의 글을 통해 비판적 태도를 배운 토마스 만은 바그너를 향한 자신의 태도를 '양가감정(Ambivalenz, 반대되는 두 감정이 동시에 함께함)'의 태도라고 부른다. 즉 그는 니체를 통해 맹목적인 사랑을 경계하고 비판적으로 사랑하는 방법을 배웠다. 비판적인 사랑이란 게 말처럼 쉽지 않기 때문에 그는 일부러 이렇게 어려운 용어를 썼다.

니체의 바그너 비판에는 대규모 무대효과가 젊은이들에게 미치는 강렬한 영향을 지적한 부분이 있다. 그런 대형 무대가 마치 지속적인 알코올 사용과 비슷한 최면 효과를 만들어낸다는 것이다. 필자가 전에 쓴 《게르만 신화 바그너 히틀러》에서 인용하면 이렇다.

니체는 바그너 비판을 통해 다가올 시대를 예언했다. 그는 바그너의 음악이 단순한 음악과 예술의 영역을 벗어나는 것임을 알아보았다. (……) 바그너의 무대는 이성이 아니라 오로지 감각성에 말을 걸기 때문에 강력한 세뇌 효과를 가진다. 바그너 자신의 말대로 이제 음악은 음악 이상의 그 무엇이다. 그것은 수단, 바로 최면을 위한 최적의 수단이 되었다. 사람들은 바그너의 예술이 자신들을 최면 상태로 유도한다는 것을 의식하지 못한 채 그에게 매혹되었고, 바그너는 유례없는 대성공을 거두었다. (……) 바그너의 주제에는 강력한 애국주의와 인종주의가 포함되어 있기 때문에, 대중이 어떤 방향으로 세뇌될 것인지는 이미 결정되어 있었다. 그것은 바로 게르만 민족주의였다.

여기서 우리는 히틀러와 토마스 만이 바그너 예술에 대해 보여준 열광의 종류로 그들의 차이를 이해할 수 있다. 히틀러의 열광은 "맹목적인 사랑, 오로지 찬양과 신격화로만 이루어진 사랑"이었고, 토마스 만의 격정은 처음부터 니체의 예리한 비판에 토대를 둔 비판적인 사랑, 눈 밝은 사랑이었다.

이분법 사회

앞서 인용한 '리하르트 바그너의 고난과 위대함'이라는 강연에서 토마스 만은 사망 50주기를 맞은 바그너를 높이 찬양했다. 그러면서도 묵시적 또는 명시적으로 바그너 비판을 끼워 넣고, 특히 바그너 예술을 향한 맹목적인 사랑이 갖는 위험을 은근히 경고했다. 주로 찬사를 위한 강연이었던 만큼 그는 물론 니체처럼 맹렬하고 노골적인 비판을 하지 않았다.

하지만 바그너 예술을 찬양한 이 강연이 직접적인 계기가 되어 토마스 만은 방금 히틀러가 권력을 잡은 독일에서 거의 추방당하듯 쫓겨나고 말았다. 히틀러 정권은 민족의 영웅 바그너에 대한 작은 비판이나 경고도 참지 못했다.

비판을 수용하지 못하는 맹목적인 사랑은, 적을 향해서는 이해나 참작을 전혀 모르고 오로지 맹목적인 증오를 퍼붓는다. 이런 태도는 결국 사회를 무시무시한 이분법적 분열 상황으로 이끌어갈 수밖에 없다. 히틀러의 사유와 그의 정권은 이분법의 논리에 바탕을 둔 것이다. 우리 편 아니면 적, 사랑 아니면 증오, 아리안족 아니면 유대인. 그 결말이 어떠했는가?

그 증오의 이분법은 유럽 세계의 거대한 몰락을 가져왔고, 오늘날 세계에도 아직 큰 영향을 미치고 있다. 히틀러를 거치고 제2차 세계대전이 끝난 다음에야 독일 사회는 니체가 분명히 제시하고 토마스 만이 글과 행동으로 보여준 비판적 사랑의 의미와 사회적 필요성을 이해하고, 천천히 실천으로 옮기게 되었다.

제 2 장

여인들을 유혹하다,
바그너의 영원한 삼각형

마틸데 베젠동크, 취리히

바그너의 작품이 소년들을 유혹했다면, 바그너 자신은 평생 여인들을 유혹했다. 예나 지금이나 예술가를 숭배하고 사랑하는 여인들이 세상에 아주 많아서 가능한 일이었다.

초록 언덕의 피난처

바그너는 1843년(30세)에 프랑스에서 돌아와 작센 왕국의 수도인 드레스덴의 궁정 악장이 되었다. 그리고 이곳에서 오페라 〈방랑하는 네덜란드 사람〉과 〈탄호이저〉의 초연이 이루어졌다. 이 작품들이 당시 큰 성공을 거두지는 못했지만, 그는 다시 〈로엔그린〉의 작곡에 몰두하고 있었다. 삶이 어떤 상황에 있든, 그는 언제 어디서나 엄청난 열정으로 예술가-노동자의 일정을 꾸준히 소화한 성실한 사람이었다.

넉넉하지는 않아도 그럭저럭 드레스덴에 정착하고 있던 바그너는 1849년(36세) 혁명의 소용돌이에 휘말려 5월 4일의 드레스덴 무장봉기에 동참했다. 작센 정부는 드레스덴에서 도망치고 혁명 세력이 임시 혁명정부를 세우긴 했지만, 작센 왕국의 구원 요청을 받은 프로이센 왕국의 군대가 들어와 혁명군을 단숨에 진압해버렸다. 이 시가전에서 양측의 사망자만 200명이 넘었다. 바그너는 다른 혁명가들과 함께 지명수배 명단에 올랐다. 다행히도 그는 드레스덴을 벗어나 예나로 가서 친구 리스트를 만났고, 리스트가 준 약간의 돈으로 스위스로 도망쳤다. 프랑스로도 갔다가 마지막에 취리히에 정착했다. 기나긴 망명 생활이 시작되었다.

1852년 바그너는 취리히에서 독일 출신의 부유한 사업가 오토 베젠동크(Otto Wesendonck, 1815~1896) 부부를 알게 된다. 베젠동크는 실크 무역을 통해 자산을 축적한 사람으로 여러 예술가를 후원했다. 정치적 망명으로 타지에서 고생하는 바그너에게도 너그러운 재정적 후원을 해주어서, 바그너는 1858년까지 취리히에서 창작을 계속할 수 있었다.

일찍 아내를 여읜 오토가 맞은 두 번째 아내 마틸데 베젠동크(1828~1902)는 섬세한 감성과 지성을 갖춘 젊은 시인이었다. 그녀는 부모에게서 '아그네스'라는 이름을 받았지만, 결혼한 다음 열세 살 연상의 남편을 사랑하고 존경하는 마음에서 자기 이름을 그의 첫 아내의 이름인 '마틸데'로 바꾸었다. 남편이 편하게 같은 이름으로 아내를 부르도록 배려한 것이다. 그들은 행복한 부부였다. 원래 독일 뒤셀도르프에 거주하다가 뉴욕을 거쳐 1851년부터 취리히의 호텔에 살고 있었다.

그들은 멀리 취리히 호수가 내려다보이는 엥게(Enge) 구역의 숲속에 당당한 르네상스 양식의 빌라 베젠동크(Villa Wesendonck)를 건축하고 1857년에 입주했다. 오늘날에는 취리히시(市)가 취득해 리트베르크(Rietberg) 박물관으로 쓰고 있다. 숲속에 자리 잡은 이 저택에 입주한 직후인 4월, 베젠동크 부부는 바그너 부부에게 정원에 딸린 별채를 제공해 주었다. 바그너 부부는 한두 번 상징적인 임대료를 냈을 뿐 이듬해 8월까지 여기 머물렀다. 그는 이곳을 "초록 언덕의 피난처"라고 불렀다.

혼인 파탄을 부른 사랑

바그너는 돈 한 푼 없던 스물세 살에 네 살 연상의 주연급 배우인 민나 플라너(Minna Planer, 1809~1866)와 결혼했다. 그녀는 관능적인 매력을 가진 여성으로서, 두 사람은 열렬한 육체적 사랑에서 결혼했지만, 매혹적인 사람들이 넘쳐나는 무대예술 세계에서 각자 배우자 아닌 다른 사람과도 여러 번이나 스캔들을 일으켰다. 아내는 머지않아 그런 일을 그만두었지만, 바그너는 평생 온갖 추문을 생산했다. 덕분에 그의 생애 이야기가 재미있어지기는 한다.

민나 바그너는 파리에서 극심한 경제난을 겪을 때도—아플 때 빼고는—꾸준히 남편 곁을 지켰고, 바그너 또한 그런 아내와 이별할 생각 같은 건 없었다. 그렇지만 두 사람 사이에 예술적인 공감대는 별로 크지 않았다. 아내는 작곡가와 지휘자로 이미 유명해진 바그너가 다른 생각 안 하고 계속 오페라를 창작하고 지휘자로 일해 무엇보다도 생활고에서 벗어나기를 원했지만, 바그너는 예술가로서 계속 새로운 시도를 하며 자주 불가능한 일을 기획하곤 했다. 힘든 살림을 아내가 그럭저럭 꾸렸지만, 바그너는 예술적인 면에서 의견이 맞지 않는 아내를 존중하는 마음이 그리 크지 않았다.

이곳 '피난처'에 머무는 동안 바그너는 비교적 안정된 생활을 누릴 수 있었고, 많은 손님이 이곳으로 그를 찾아왔다. 창작을 위해 그는 사치스러운 실내장식과 동시에 다정한 여성과의 교감을 꼭 필요로 하는 사람이었다. 그의 오페라는 환상적인 중세 이야기들을 주로 다루는데, 그가 현실에서 벗어나 환상세계로 들어가기 위해선 아마 주변을 화려하게 장식하는 일과 특수한 교감이 꼭 필요했던 것 같다.

빌라 베젠동크에서 지내는 동안 두 쌍의 부부는 자주 접촉했다. 그러면서 작곡가와 여성 시인 사이에 특수한 우정이 싹텄다. 바그너가 그녀와의 예술적인 교감을 몹시 귀하게 여겼기에, 마틸데는 오늘날까지도 흔히 '바그너의 뮤즈'라는 별칭으로 불린다. 이곳에서 그는 마틸데가 쓴 다섯 편의 시에 곡을 붙인 〈베젠동크 노래〉를 작곡했다.

이어서 그동안 작업해오던 작품 〈지크프리트〉(4부작 오페라 《니벨룽의 반지》 중 세 번째)의 작곡을 중단하고, 마틸데를 향한 열정에서 영감을 얻은 또 다른 작품인 〈트리스탄과 이졸데〉의 대본 작업에 전념한다. 대본을 쓰면서 그는 마틸데와 함께 읽고 수정했다. 그 과정에서 지상에서는 이루어질 수 없는 그들 사이 사랑의 감정이 대본에 스며들었던 것 같다. 두 사람은 공식적으로도 만나고 아마 정원에서 비밀리에도 만났으며, 게다가 편지와 쪽지도 주고받았다. 1857년 9월에는 대본 작업이 끝나고 10월에 제1막의 작곡이 시작되어 빠른 속도로 진척되었다.

하지만 이듬해 4월 바그너가 마틸데에게 보내려고 쓴 쪽지 하나를 아내 민나가 발견했다. 그녀는 편지에 쓰인 친근한 문장과 애정 표현에 깊은 충격을 받았다. 그녀가 늘 두려워하던 일이 여기서도 일어났으니, 남편이 또다시 자신을 배신한 것이다. 그러면서 여러 주에 걸쳐 바그너 집에서 온갖 시끄러운 싸움질이 있었던 모양이다. 오토 베젠동크는 아내가 연루된 일에 대해 상당히 너그러운 태도로 굳건히 중립을 지켰지만, 민나는 전혀 참지 못했고, 결국 그녀 자신이 심각하게 병들었다. 동시에 바그너 부부의 관계는 돌이킬 수 없이 틀어지고 말았다.

바그너 부부는 이미 예정되어 있던 손님맞이를 끝내고 1858년(45세) 여름의 끝에 빌라 베젠동크를 떠났다. 민나는 독일로, 바그너는 베네치아로 갔다. 그가 그녀의 생활비를 감당하긴 했지만, 이때부터 바그너는 이혼은 안 했어도 실질적인 홀아비 신세로 유럽의 도시들을 떠돌며 지낸다. 이런 일이 있고 나서도 오토 베젠동크는 바그너의 창작과 생활에 필요한 후원을 상당 기간 지속했다. 〈트리스탄〉 작업은 베네치아에서 계속되었고, 마틸데와의 편지 왕래도 계속 이어졌다. 바그너는 다시 스위스로 돌아왔지만, 취리히가 아닌 루체른에 머문다. 1859년에 〈트리스탄〉의 작곡이 끝났다.

간통의 오페라 〈트리스탄과 이졸데〉

바그너가 쓴 오페라의 대본은 중세의 유명한 작가 고트프리트 폰 슈트라스부르크의 소설 《트리스탄과 이졸데》(1210년 무렵)를 토대로 삼는다. 따라서 중세 방식으로 '사랑의 미약'이 등장하지만, 현대적인 심리 해석과 상황이 덧붙여졌다. 원래의 중세 소설은 공간 이동과 모험이 많은 흥미진진한 줄거리인데, 바그너 무대에서는 가수-배우의 액션이 거의 없이, 심한 경우 아예 한자리에 서서 노래만 해도 될 정도로 정적인 진행을 보인다. 대신 여기서는 남녀 사이의 심리적 대립과 긴장이 팽팽하다.

바그너의 주관적 경험이 가장 직접적으로 녹아 들어간 이 작품에서, 사랑의 미약을 나누어 마신 뒤 출구 없는 사랑에 붙잡힌 남녀의 애끓는 마음이 매우 불안정한 반음계 음악에 실려 네 시간 정도 펼쳐진다. 기댈 곳 없이 불안정한 현대인의 영혼과 방황하는 삶의 정서가 고스란히 음악에 실려 드러나고 있어, 형식으로나 내용으로나 그야말로 '현대음악'의 시작이라 불러 손색이 없다. 초보자에게 접근성이 좋은 편은 아니지만, 서곡 시작 부분에 곧바로 등장하는 '트리스탄 선율'은 한 번 익히면 다시는 잊기 어렵고, 바그너 음악 중에서도 가장 강렬한 중독성을 갖는다. 그야말로 늦가을의 정서.

제1막. 줄거리

젊은 트리스탄은 콘월의 왕인 외삼촌 마르케 왕을 위해 아일랜드의 이졸데 공주에게 구혼하는 사절로 파견되었다. 구혼은 성공했고, 그는 지금 공주와 시녀들을 태우고 콘월로 돌아가는 배 위에 있다. 하지만 이졸데 공주, 장래 콘월의 왕비는 몹시 불쾌한 눈으로 멀리 선교(船橋)에서 키를 잡은 트리스탄만 바라본다. 그러다 시녀 브랑게네를 트리스탄한테 보내 새 왕비께 문안 인사를 올리라는 명령을 전하지만, 그녀는 퇴짜 맞고 돌아온다.

영문을 모르는 브랑게네에게 이졸데는 지난 일을 설명한다. 그 내용은 다음과 같다.

"옛날 아일랜드 해안으로 밀려 들어온 작은 배 한 척, 그 안에 병든 사내 하나가 누워 있었지. 탄트리스라는 이름. 이졸데*의 치료를 받으려고 온 사람이었는데, 그가 치료받아

- 바그너의 오페라에서는 드러나지 않지만, 원래 소설에서는 같은 이름의 왕비, 곧 이졸데 공주의 어머니를 가리킨다.

잘 낫고 있을 때 이졸데 공주는 그의 칼에서 부러진 자리를 보았다. 그 부러진 자리는 전에 아일랜드 기사 모롤트가 콘월로 갔다가 결투에 패배하고 죽어 시신만 돌아왔을 때, 모롤트의 머리에 박혀 있던 파편과 딱 들어맞는 것. 모롤트의 머리에 박힌 그 파편을 보관해두었기에 맞추어보고 알았다. 당시 모롤트를 죽인 상대 기사의 이름이 트리스탄이라 했는데(면갑을 써서 얼굴은 모르고), 지금 여기서 낫고 있는 탄트리스가 실은 그 트리스탄이었구나. 내가 저 모롤트 죽인 원수를 치료하고 있구나. 이 상처야말로 모롤트가 만든 상처인데.

이 사실을 깨닫고 이졸데는 모롤트의 죽음에 복수하기 위해 트리스탄을 죽이려고 칼을 들고 병자가 누워 있는 곳으로 달려갔는데, 원수인 트리스탄이 죽을 걱정은 안 하고 그녀의 눈만 빤히 들여다보더라. 그 눈길에 그녀는 그만 힘을 잃어 칼을 떨어뜨리고 말았다. 그러고는 아무 말도 없이 그를 치료해 돌려보냈던 것인데, 병이 나은 그자가 이번에 콘월 왕의 구혼 사절로 온 것이다. 한없이 뻔뻔하게."

브랑게네는 이제야 그 옛날 탄트리스의 모습을 기억해내고, 자기는 대체 눈을 어디 뒀던 거지? 하고 놀라면서도 여전히 이졸데의 속마음을 알아채지 못한다. 이졸데가 다 말하지 않은 내용은, 트리스탄이 자기에게 보낸 (사랑의) 눈길에 그만 넋이 나가 자기도 그를 깊이 사랑하게 되었다는 사실. 그랬던 만큼 이번에 콘월 왕의 구혼 사절로 다시 온 트리스탄을 보고 크나큰 배신감을 느꼈다. 아니, 나는 그가 보인 사랑의 눈길에 홀려 그를 사랑하는 마음으로 살려 보냈건만, 늙은 왕을 위한 구혼 사절로 돌아오다니 이졸데는 앞으로 콘월 왕비가 되어 "가장 훌륭한 사내를 사랑 없이 줄곧 곁에 두고 바라만 보는 고통"을 감당할 자신이 없다.

배는 이제 콘월 해안으로 다가가는데, 이졸데는 다시 브랑게네를 보내 트리스탄을 부른다. 이번에도 안 오면, 구혼 사절인 그의 곁에 나란히 선 모습으로 배에서 내리지 않겠노라는 협박과 함께. 어쩔 수 없이 트리스탄이 오는 동안, 그녀는 어머니가 신부에게 챙겨 보낸 사랑의 미약과 죽음의 독약 중 죽음의 독약을 포도주에 섞어 내오라고 브랑게네에게 명령한다. 마침내 나타난 트리스탄.

다시 만난 남녀의 그야말로 현실적인 말다툼. 브랑게네가 포도주 잔을 내온다. 이졸데는 그 잔을 마시라며 트리스탄에게 내주고, 트리스탄은 이졸데를 바라보며 이게 죽음의 잔이란 걸 깨닫고 마시는데, 절반 남은 포도주 잔을 이졸데가 빼앗아 자기도 마시고는 둘이 함께 죽음을 기다린다. 하지만 주인에게 독약을 내올 수 없었던 시녀가 사랑의 미약을 술에 타서 가져다주었기에 전혀 다른 효과를 낸다.

사랑의 미약을 함께 마신 두 사람은 그동안 자기들을 가로막던 사회의 관습과 제약을 모두 잊고 오로지 사랑에만 도취한다. 그들은 이제 모든 분별을 잊었다.

제2막. 줄거리

이졸데는 마르케 왕과 결혼해 콘월의 왕비가 되었지만 틈만 나면 트리스탄과의 밀회를 궁리한다. 특히 마르케 왕이 신하들과 함께 밤 사냥을 나가는 오늘 밤은 절대 놓칠 수 없는 기회. 브랑게네는 낌새가 이상하니 오늘 밤만은 만나지 마시라고 말하건만 이졸데는 밖에서 기다리는 트리스탄에게 어서 오라는 신호를 보내고, 그를 마중하러 달려 나간다. 브랑게네가 망보는 사이 두 사람은 뜨거운 사랑의 밤을 맞이한다.

거의 모든 오페라가 사랑을 다루지만, 〈트리스탄〉 제2막 제2장은 그중에서도 가장 특이한 장면이다. 줄거리를 대강 알고 대사와 함께 음악을 들어보면, 음악이 그야말로 남녀의 섹스를 직접 구현하는 것이기 때문이다. 남녀 가수의 숨가쁜 노래는 전희를 거쳐 절정에 도달하고, 천천히 잦아들며 꿈결 같은 명상으로 빠져든다. 이렇듯 완벽한 합일의 경험을 거쳐 곧 다시 헤어져야 한다니, 못 참겠네. 새벽은 다가오고, 망보는 브랑게네는 경고의 노래를 부르지만, 그들은 그 자리를 떠날 생각이 없다. 원망스러운 낮과 원망스러운 삶을 버리고, 차라리 영원한 사랑의 밤, 영원한 죽음으로 가는 게 좋겠다. 그들은 '사랑의 죽음'을 약속한다. 트리스탄이 앞서가면 이졸데가 따라가기로.

이어서 밤 사냥을 떠난 왕과 신하들이 돌아와 둘의 밀회를 목격한다. 이 장면에서 나오는 마르케 왕의 장탄식이 정말 인상적이다. 그야말로 대사를 음미해야 하는 부분. 마르케 왕은 조카인 트리스탄을 향해 긴 원망을 털어놓는다. 나는 혼인하지 않고 모든 걸 네게 물려주려 했는데, 네가 공주를 추천하고 네가 고집부려서 나는 그야말로 너를 위해 결혼했건만. 결혼하고 보니 워낙 아름답고 귀한 신부에게 홀딱 반해서 이젠 이 사랑에 꼭 붙잡힌 내게 너 같은 충신이 어쩌자고 이토록 아픈 배신을 하는 거냐? 어찌 이렇게 못할 짓을 한단 말이냐?•

트리스탄의 답변이 인상적이다. "저는 그 답을 말할 수 없

• 이것은 바그너가 너그러운 후원자 오토 베젠동크에게 바치는 사죄와 헌정의 노래이기도 하다. 깊이 들어보면 이 특이한 오페라에서 가장 처절하고 또 공감이 가는 노래.

나이다." 오케스트라 음악이 들려주는 답은 이렇다. 이승을 버리고 차라리 저승으로 넘어갈 만큼 통제하기 힘든 깊은 그리움('트리스탄 선율') 때문이라고.

왕의 신하더러 칼을 빼 들고 결투를 하자고 자극한 트리스탄은 방어를 위해 칼을 빼 들었다가, 막상 상대가 덤벼드는 순간 칼을 내리고 그대로 상대의 칼을 맞는다. 그의 마지막 말은 "내가 배신한 임금님".

제3막. 줄거리

트리스탄의 충성스러운 부하 쿠어베날이 죽음의 상처를 입은 트리스탄을 고국 카레올로 실어 왔다. 트리스탄은 아직 깊은 혼수상태에 빠져 있다. 마침내 깨어난 그는 이졸데가 왔느냐고 묻는다. 그녀와 함께 죽음의 나라로 가려는 것. 쿠어베날은 콘월로 사람을 보내 이졸데에게 와달라고 부탁했으니, 아마 곧 나타날 거라고 대답한다.

그녀가 탄 배가 멀리 수평선에서 나타나 상륙하고, 그녀가 내린다. 트리스탄은 쿠어베날에게 그녀를 모셔 오라 명하고 그 사이 상처를 묶은 붕대를 제 손으로 찢고 죽어간다. 그 순간 등장한 이졸데가 잠깐만 기다리라고 외치는데도 트리스탄은 먼저 죽고, 이졸데는 기절한다. 또 다른 배가 나타나는데 마르케 왕과 신하들이 타고 있다. 트리스탄의 충신 쿠어베날은 왕이 트리스탄과 이졸데를 죽이려고 쫓아온 줄 여기고 그들에게 맞서 싸우다가 상처 입고 죽는다. 뒤늦게 나타난 왕과 브랑게네. 왕은 브랑게네에게서 사랑의 미약 이야기를 들었다며, 두 사람을 용서하고 둘을 맺어주러 쫓아왔는데, 그것도 못 기다리고 벌써 죽었느냐고 탄식한다.

마지막 순간에 기절 상태에서 깨어난 이졸데가 빛 속으로 멀어져가는 트리스탄의 환영을 보며 자신도 그 뒤를 따라 영원한 사랑, 영원한 희열 속에 가라앉는다고 노래하면서 죽는다. 사랑의 죽음.

코지마,
절친의 딸이자 제자의 아내

코지마(1837~1930)는 바그너의 절친인 프란츠 리스트(Franz Liszt, 1811~1886)와 파리의 여성 작가인 마리 다구(Marie d'Agoult, 1805~1876) 백작부인 사이에 혼외자로 태어났다. 당시의 법에 따라 아버지의 결혼 인정 선언을 통해 1844년부터는 '리스트'라는 성을 쓸 수 있었다. 어려서 리스트의 어머니, 곧 할머니 손에 자랐고 나중에는 파리의 기숙학교에서 교육받았다. 1853년(16세)에 파리의 리스트를 방문한 바그너가 그녀를 처음으로 만났을 때는, 그녀가 '수줍음'이 많다고 느꼈다.

사랑 없는 결혼

1855년에 리스트는 마리 다구와의 사이에 태어난 세 자녀를 모두 자신이 상임 지휘자로 있던 바이마르로 데려왔다. 바로 이어서 코지마는 베를린의 프란치스카 폰 뷜로 남작부인의 집에서 계속 교육받으며 머물렀고, 그녀의 아들인 한스 폰 뷜로와도 자연스럽게 알게 되었다. 한스는 리스트의 제자 중 가장 재능이 풍부한 사람으로, 당시 이미 지휘자와 피아니스트로서 명성을 얻었고, 열렬한 바그너 숭배자였다. 그는 리스트의 딸과 결혼해 그녀에게 확실한 생계를 보장해주는 것이 스승 리스트에 대한 보답이라고 느꼈던 것 같다.

음악적 재능이 뛰어난 코지마는 1857년(20세) 8월에 일곱 살 연상인 한스 폰 뷜로와 결혼했다. 신혼여행 도중에 그들은 취리히의 바그너 집에도 들렀다. 그녀는 사랑이라곤 전혀 없는—당시에는 흔한 일—자신의 결혼에 대해 복잡한 감정을 지녔던 모양이다.

여기서 그녀는 당시 바그너가 창작 중이던—사랑 없는 결혼이 등장하는—〈트리스탄〉에 대해 알게 되었는데, 고개를 수그리고 가만히 듣기만 하다가, 바그너가 자신에게 질문하자 그만 울음을 터뜨리고 말았다. 마틸데 베젠동크에게 보낸 편지에서 바그너는, 작별할 때 그녀가 자신의 "두 손을 잡고 눈물바다가 되어 키스"했다고 전한다.

어쨌든 덕분에 당시엔 아무도 몰랐지만, 후세의 눈에는 상당히 흥미진진한 장면이 펼쳐졌다. 이때 바그너 부부는 빌라 베젠동크 별채에 살고 있었으므로, 베를린의 젊은 지휘자 부부가 바그너를 방문했을 때 바그너와 관련된 세 여성이 모두 잠시 한곳에 모인 것이다. 바그너의 첫 아내 민나, 뮤즈인 마틸데, 그리고 뒷날 그의 두 번째 아내가 되는 당시 스무 살의 코지마였다.

  신혼여행에서 돌아온 코지마는 베를린에서 유명한 살롱을 운영하기 시작했다. 181센티미터의 큰 키에 호리호리하고 우아하며 파리 사교계의 매너를 지닌 코지마는 여기서 당대의 중요한 인물들과 영향력 있는 여성 친구들을 알게 되어 가까이 지냈다. 이들은 뒷날 코지마가 바이로이트 축제 극장을 운영할 때 큰 도움을 준다.

  코지마는 남편 뷜로에게도 상당한 재능을 지녔으니 자신만의 작품을 창작하라며 설득했으나, 뷜로는 바그너 작품에 자신의 재능을 바치기로 이미 작정하고 있었다. 1862년 여름에 뷜로 부부는 다시 바그너를 만났다. 창작에 몰두하던 바그너가 들려주는 '보탄의 노래'를 들으며 그녀가 빛나는 환희의 표정을 지었는데, 바그너는 그 순간 그녀가 자기 사람이라는 확신이 들었다고 자서전에 적었다. 창작하는 예술가 바그너는 그녀가 "자기 남편이 저런 사람이었으면" 하고 바라는 종류의 사람이었다. 그녀는 자신이 전 생애를 바칠 만한 뛰어난 창작자 예술가를 사랑하고 싶었다.

  1863년(26세) 11월 28일 바그너(50세)는 베를린에서 젊은 지휘자 부부를 다시 만났다. 뷜로가 콘서트 준비를 위해 먼저 떠나고, 바그너는 코지마와 단둘이 멋진 마차에 타고 있었는데, 이 마차에서 그들은 서로의 마음을 확인했다. 코지마는 "우리가 서로를 발견하고 맺어진" 날이라고 일기에 기록했다. 당시 바그너는 실질적인 홀아비 신세였고, 이미 두 딸을 둔 코지마는 자신의 결혼이 몹시 불행하다고 느끼고 있었다.

하지만 아직은 현실이 두 사람을 가로막았다. 바그너는 빈에서의 참담한 실패를 거쳐 이듬해(1864) 뮌헨에서 루드비히 왕을 만나고서야 비로소 안정된 거처를 얻었다. 그러자 그는 더는 안주인 없는 살림을 할 생각이 없었다. 하지만 바그너가 아직 정식 이혼을 하지 않은 상황이었기에 마틸데 마이어라는 아가씨는 그의 초대를 곧바로 거절했다. 이어서 바그너는 지휘자 한스 폰 뷜로에게 뮌헨에서 오페라 작업을 함께하자며 초대했고, 뷜로는 그것을 받아들였다. 그는 베를린의 상황을 정리할 시간이 필요해 코지마와 두 딸만 먼저 뮌헨에 도착하고 뷜로는 열흘 뒤에야 나타났다.

바그너와 코지마는 이미 마음이 통한 상태였으니 머지않아 연인 관계로 발전했으나, 감히 공개하지는 못하고 처음에는 비밀의 연인이었다. 이듬해(1865) 봄에 두 사람 사이에 첫딸이 태어나고, 두 달 뒤에는 뮌헨에서 한스 폰 뷜로가 지휘하는 〈트리스탄〉의 초연 무대가 올라갔다.

바그너와 코지마, 스캔들을 뚫고 결혼에 골인

바그너가 〈트리스탄〉에서 드러낸 삼각관계의 몽상이 이제 분명한 현실이 되었다. 그는 또다시 자신을 돕는 은인을 배신하고 이번에는 정말로 그의 아내를 훔쳐냈다. 이 결합은 도덕적으로 문제가 많은 것이었으니, 바그너와 코지마는 꽤 혹독한 대가를 치러야 했지만, 그런데도 그 결실은 매우 컸다.

젊어서부터의 절친인 프란츠 리스트의 딸이며, 제자이자 친구인 한스 폰 뷜로의 젊은 아내가 바그너에게로 넘어왔다. 바그너는 이미 취리히의 "초록 언덕"에서도 이와 비슷한 사랑과 배신, 정절의 상황을 만들어냈었다. 거기서 탄생한 간통의 오페라 〈트리스탄〉을 뮌헨에서 초연할 무렵에는 두렵게도 그것을 현실에서 구현한 것이다.

역시 〈로엔그린〉을 통해 바그너를 숭배하기 시작한 젊은 몽상가 한스 폰 뷜로는 느닷없이 늙은 마르케 왕의 처지에 빠지고 말았다. 그의 결혼은 실질적으로 깨졌다. 이런 상황에서도 그는 충실하게 바그너 곁에 머물렀다. 덕분에 나중에 나온 〈뉘른베르크의 장인 가수들〉에서도 그의 이름이 초연 지휘자로 남는다. 한스 폰 뷜로는 뒷날 새로 창단된 베를린 필하모니커의 초대 지휘자로서 불멸의 명성을 얻었다.

뮌헨에서 바그너와 코지마에 대한 온갖 소문이 나돌며 점차 의혹이 참을 수 없이 커지자, 왕은 코지마의 명예를 보호하기 위해 한스 폰 뷜로에게 공개편지를 쓰기도 했지만, 실은 사정도 모른 채—바그너와 코지마의—거짓 보고에 기초해 쓴 것이었다. 왕은 몹시 실망했을 뿐만 아니라 이루 말할 수 없는 곤경에 빠졌다. 결국 내각과 여론의 압력에 굴복해 1865년 12월 바그너에게 뮌헨을 떠나라는 명령을 내릴 수밖에 없었다.

곧이어 이듬해 1월, 바그너의 첫 아내 민나가 죽었다. 이제 바그너와 코지마의 관계를 합법적인 것으로 만들어야 하겠지만, 그러려면 우선 코지마와 뷜로의 이혼이 필요했으니, 이 또한 쉬운 일이 아니었다. 이해 4월에 코지마와 바그너는 말끔히 수리된 트립셴 저택으로 입주한다. 물론 왕이 모든 재정적 부담을 떠안았다.

바그너는 이곳에서 비로소 창작에 필요한 평화와 안정감을 갖고 작업을 계속한다. 특히 코지마에게 구술해 자서전 《나의 생애》를 썼고, 코지마는 두 사람의 생활과 바그너의 창작을 꼼꼼히 일기에 기록했다.

트립셴 시절 니체와의 우정 이야기는 앞에서 이미 했다. 1868년 11월에 처음으로 만난 니체가 이듬해 1869년에 바젤 대학의 교수로 부임하면서 두 사람 사이에서 '별들의 우정'이 시작된다. 이해 6월 바그너와 코지마 사이에 아들 지크프리트가 태어나고, 아흐레 만에 코지마는 뷜로에게 편지를 보내 이혼에 동의해줄 것과 첫 결혼에서 태어난 두 딸도 자기에게 맡겨달라고 부탁했다. (뷜로의 고뇌는 여기서 다루지 않거니와) 그는 이에 동의해주었다.

1870년 7월 베를린에서 한스 폰 뷜로와 코지마의 이혼이 성립되고, 8월 25일 마침내 바그너와 코지마는 루체른에서 조촐한 결혼식을 올렸다. 두 사람 사이에 이미 딸 둘과 아들 하나까지 세 자녀가 태어난 다음이었다. 바그너 가족은 뷜로의 아이들까지 합쳐서 자녀가 다섯 명이나 되는 대가족이었다.

코지마

코지마는 원래 자신이 바라던 대로 바그너가 살아 있을 때 그의 창작과 작품의 실현을 위해 극진히 협조했다. 바이로이트 축제 극장의 건설과 바이로이트 축제가 자리를 잡는 과정에 그녀는 결정적인 공헌을 한다. 극장을 건설할 때 발행한 채권과 각종 빚을 갚은 것도 그녀의 노력으로 이루어진 일이었다.

1883년에 바그너가 죽자 1906년까지 20년 이상에 걸쳐 그녀가 바이로이트 축제를 이끌었다. 그녀는 축제 극장의 연출이 남편의 의도에서 벗어나지 않도록 세심하게 원작자의 의도를 유지했으며, 바그너 집안에서 명실공히 '여주인' 노릇을 했다. 코지마가 없었다면 바이로이트 축제가 과연 성공할 수 있었을지, 혹은 그렇다 해도 어떤 모양일지는 상상하기 어려울 정도다.

코지마는 반유대주의 사상을 남편과 공유했을 뿐만 아니라 그것을 더욱 확대하고 발전시켰다. 바그너가 죽은 다음 영국의 대표적인 반유대주의 학자이자 열렬한 바그너 숭배자인 휴스턴 스튜어트 체임벌린과 가깝게 지내면서 (뒷날 악명을 얻는) 그의 인종주의 이론에 깊이 영향받았고, 나중에는 바그너와의 사이에 얻은 두 번째 딸 에바와의 결혼을 허락했다.

반유대주의자들 사이에 끼어 아돌프 히틀러도 이곳에 등장한다. 코지마가 죽은 다음에는 영국 출신의 며느리 비니프레트 바그너가 1930년부터 1944년까지 바이로이트 축제를 이끌었는데, 이 기간에 아돌프 히틀러는 바이로이트를 정기적으로 방문하며 바그너 가족과 무척 가깝게 지냈다. 나치 치하에서 바그너 작품은 제삼제국을 대표하는 가장 중요한 예술품의 하나였다. 전쟁이 끝난 다음 바그너의 작품들이 독일에서 온갖 어려움을 겪은 것도 이해가 되는 일이지만, 여기서는 다루지 않는다.

참고: 리스트의 사랑, '순례의 해들'과 코지마의 탄생 이야기

최초의 '스타' 피아니스트

프란츠 리스트는 헝가리 태생의 작곡가지만, 원래 그가 가장 먼저 배운 언어는 도이치어이고, 그가 좋아한 언어는 프랑스어였다. 헝가리어는 나중에야 배웠다. 아버지의 지도로 피아노를 배우고 일찌감치 빈으로 왔다가 다시 파리로 진출했다. 파리 음악원에 입학이 거절되자—프랑스 사람이 아니라는 이유로—아버지에게서 배우며 보강을 위해 힘들게 노력했다. 그런데도 파리에서 그는 놀라운 피아노 솜씨 덕에 열두 살에는 이미 모차르트가 살아 돌아온 것 같다며 '신동'이라 불렸다. 역사상 등장한 최초의 스타 피아니스트로서, 의심의 여지 없는 천재 음악가의 한 사람이다.

아들을 엄격하게 교육하던 아버지와 함께 1827년(16세) 영국 연주 여행을 마치고 파리로 돌아오던 도중에, 쉰 살의 아버지가 갑자기 사망하자 어린 리스트는 심각한 심리적 혼란을 겪는다.

테오도어 호제만의 캐리커처 〈콘서트홀의 프란츠 리스트〉(1842).
어린 시절 '꼬마 리츠(Le petit Litz)'라는 애칭으로 불린 신동 리스트는 유럽의 여러 도시로 연주 여행을 다니며 많은 인기를 누렸다.

파리에서 어머니와 함께 생활하며 혼자 책을 많이 읽고, 작곡 공부도 계속했다. 수많은 예술가를 만나고 또한 다른 음악가들의 작품을 공부하면서 자신을 예술가로 단련해나갔다. 또한 이 시기에 만난 펠리시테 드 라므네 수도원장의 영향으로 종교적 성찰에 몰두하면서 한동안 사제가 되려는 소망을 지니기도 했다(뒷날 실제로 로마 교황의 승인을 받은 가톨릭 사제가 된다). 그러면서 다른 한편으로는 인기 스타의 주변으로 몰려드는 많은 여성과의 염문에 휩싸였다.

운명의 여인, 마리 다구

그러다가 1832년(21세) 말에 그의 생애 가장 중요한 여성인, 여섯 살 연상의 마리 다구 백작부인을 만난다.

그녀의 어머니는 프랑크푸르트의 부유한 은행가의 딸로서 프랑스 고위 귀족과 혼인했고, 이 결혼에서 태어난 마리 또한 프랑스 귀족의 딸로서 상당한 결혼 지참금을 지닌 당대 최고의 신붓감에 속했다. 하지만 당시 프랑스에서, 특히 상류층의 결혼이란 사랑과는 거의 상관 없이 냉정한 계산에 따라 두 집안의 재산을 하나로 합치는 일종의 계약에 지나지 않았다. 젊은 마리는 이 사실을 깨닫고 있었던 모양이다.

한두 번의 구혼이 제대로 풀리지 않자 그녀는 어머니에게 이렇게 선언했다. "다음번 저한테 혼인 요청이 오면, 미리 물어보지 말고 오빠와 상의해서 '예', '아니오'를 결정하시고, 일단 좋다고 결정하시면 저는 무조건 따르겠습니다."•

다음번 구혼자는 15년 연상의 기병 장교인 샤를 다구 백작이었는데, 그는 1814년 러시아군에 맞선 나폴레옹 부대에서 참전했다가 부상을 입고 한쪽 다리를 절었다. 재산도 신붓감의 재산에 미치지 못했지만, 어머니와 오빠의 결정에 따

• Oliver Hilmes, *Liszt*, S. 68ff.

라 마리는 약속을 지켜서 1827년 5월(22세)에 그와 혼인했다. 다만 한 가지 조건을 내걸었는데, 그녀가 이 결혼을 후회하는 날이 오면, 남편은 그녀를 자유롭게 풀어주어야 한다는 내용이었다. 이렇게 결혼한 다음 그녀는 두 딸을 얻었다.

하지만 그녀는 "결혼식 날부터 단 한 시간도 행복한 순간이 없었다". 불행한 결혼이 너무 힘들어 자살까지 생각하다가 제네바의 요양원에서 지내기도 했다. 겨우 마음을 추스르고 파리로 돌아와 다시 사교계에도 출입하려고 애쓸 때인 1833년 1월, 파리의 한 귀족 살롱에서 당시 스물한 살의 유명한 피아니스트 리스트와 만났다. 그녀의 눈에 그는 그동안 본 적이 없는 특이한 인간이었다. "키 크고 빼빼 마르고 창백한 얼굴에 커다란 바닷빛 초록 눈을 지녔는데, 마치 빛이 파도치는 것처럼 초록 눈이 갑자기 환하게 빛날 수가 있었다."

1833년 초부터 몇 달 동안 두 사람은 자주 함께 음악 연주도 하고, 같은 책을 읽고 그에 대한 의견을 편지로 나누기도 하면서 가까워졌다. 두 사람 모두 철저히 비밀리에 행동했지만, 그런데도 차츰 소문이 돌기 시작했다. 리스트는 그동안 여성들과의 관계가 많았는데도 아직 어머니와 한집에 살고 있어서 그의 집을 쓸 수 없었으니, 비밀리에 만나기가 쉬운 일이 아니었다. 게다가 리스트의 복잡한 여성 관계에 마

젊은 유혹자 리스트.

리가 극도의 질투심을 드러냈지만, 이런 갈등 속에서도 둘은 계속 만났다. 마리는 연주회장에도 자주 남편의 옷을 입고(남장하고) 나타났다. 이듬해로 넘어가는 겨울에는 리스트가 따로 아파트를 얻었다. 하지만 다툼이 심해 1834년 가을에는 그들의 관계가 거의 끝날 것처럼 보였다.

1834년 10월에 리스트는 일곱 살 연상인 파리의 여성 작가 조르주 상드(George Sand, 1804~1876)와도 알게 되었다.

자주 남자 복장을 하고 남자처럼 시가를 피우던 상드가 리스트의 마음에 들었다. 하지만 두 사람은 진지한 우정의 관계에 머물렀다. 뒷날 상드는 마리를 도와 작가로 등장하는 길을 안내한다.

같은 10월에 마리의 큰딸이 중병에 걸려 12월에 죽었고, 그 기간 마리와 리스트는 제대로 만날 수도 없었다. 1835년 1월에 두 사람이 한 번 만나기는 했지만, 곧이어 리스트가 잠적했다가 두 달 만에야 다시 나타났다. 이 3월에 둘은 자주 만나는데, 이 시기에 둘 사이의 첫딸인 블랑딘(Blandine)이 태어났다. 처음에 블랑딘은 다구 백작의 딸로 여겨졌는데, 나중에 리스트가 자기 딸이라고 선포했다.

순례 여행과 코지마의 탄생

1835년 5월 26일(30세) 마리 다구 백작부인은 마침내 남편에게 작별 편지를 보냈다. 남편은 신사였던지 침묵을 원하는 아내의 요구까지 받아들이면서 그녀를 선선히 풀어주었다. 마리가 5월 말에 먼저 스위스의 바젤로 떠나고, 이어서 며칠 뒤인 6월 1일에 리스트도 그 뒤를 따라갔다. 마리의 어머니가 바젤까지 쫓아와 딸의 결정을 말리려 했지만, 뜻대로 되지 않았다. 마침내 자유를 얻고 프랑스를 벗어난 두 사람은 6월 중순부터 6주 동안 목적지도 없이 스위스를 이리저리 여행했다.

이 여행에서 리스트는 '여행의 앨범'이라는 제목으로 일종의 음악적 여행 일기를 썼다. '발렌슈타트 호수', '오베르망의 골짜기', '기욤 텔[빌헬름 텔] 예배당' 등은 이때 이들이 방문했던 장소들이다. 이 곡들은 뒷날 '순례의 해들' 제1부 스위스 편에 들어간다.

1836년 10월에 두 사람은 파리로 돌아왔다. 작곡을 위해 연주 여행을 줄인 탓에 리스트의 수입은 생활비와 자녀 양육에 충분치 못했다. 리스트만 파리에서 홀로 지내고, 마리는 조르주 상드의 집에서 지내며 최초의 문학 작업을 시작한다. 하지만 그사이 파리에서 오스트리아 출신의 지기스문트 탈베르크(Sigismond Thalberg, 1812~1871)라는 음악가가 또 한 명의 스타 피아니스트 겸 작곡가로서 명성을 얻기 시작했다. 한 살 아래인 그에게 리스트는 극도의 질투심을 느껴 작곡과 피아노 연주로 도전하기도 했지만 부질없는 짓이었다. 1840년대 중반까지 탈베르크는 대단한 성공을 거두었다.

리스트는 1837년 4월 파리의 살롱에서 연주회를 마친 다음 마리와 함께 다시 파리를 떠났다. 도중에 노앙(Nohant)에 있던 조르주 상드의 저택에 3개월간 머물고, 7월 말에 두 사람은 이탈리아로 갔다. 1837년 8월 중순 두 사람은 코모 호반으로 가서 9월부터는 코모 호반의 작은 마을 벨라지오(Bellagio)에 정착했다. 이곳에서 둘은 단테의《신곡》을 함께 읽었다.

리스트는 원래 책을 많이 읽고, 문학작품에 대한 애정이 깊은 사람이었다. 그해 크리스마스이브에 이곳에서 그들의 둘째 딸 코지마가 태어났다. 여기서 그는 '순례의 해들'의 제2부 이탈리아 편 마지막을 장식하는 〈단테를 읽고〉를 작곡했다.*

두 사람은 2년 동안 이탈리아에 머물렀다. 1839년 5월에 막내인 아들 다니엘이 태어났다. 리스트는 '가족'을 부양하기 위해 수많은 연주 여행을 거듭하면서 작곡할 시간이 줄어들었다. 그가 파리를 떠나 있는 동안 탈베르크의 명성은 더욱 커졌고, 리스트는 자기가 탈베르크의 뒤를 이어 '두 번째'가 되는 것만으로도 만족한다고 말한다. 재정 문제에 시달리면서 그는 도이치 지역의 음악 단체들과도 차츰 가까워지고 실제로 연주 여행도 많이 했다.

1843년 10월에 마리 다구가 먼저 파리로 돌아왔다. 여기서 그녀는 자전적 소설《넬리다(Nelida)》를 썼다. 소설에서

• 우리의 젊은 대가 임윤찬이 일찌감치 감동적으로 들려준 피아노곡.

리스트는 부도덕한 인생관을 지닌 화가로 묘사된다. 이 소설은 뒷날 익명으로 출간되었다. 그들은 5년 동안 사랑과 갈등의 시간을 보낸 다음 1843년 말에 최종적으로 헤어졌다. 재정 문제가 가장 큰 이유였다. 생활비를 벌려고 리스트는 계속 유럽의 도시들로 연주 여행을 해야 했는데, 질투심 강한 마리가 늘 소문을 듣고, 소문이 결국 싸움으로 연결되곤 했기 때문이다. 결국 '가족'을 위해서라도 리스트에게는 가정생활보다 연주 여행을 떠날 자유가 더 중요해졌다.

세 자녀인 블랑딘,* 코지마, 다니엘의 양육 문제가 논의되자 처음에 리스트는 연간 3000프랑의 양육비를 지급하고 아이들의 양육에는 전혀 개입하지 않기로 약속했다. 하지만 1년 뒤에는 마음을 싹 바꿔서 세 아이의 전적인 양육권을 요구했다. 싸움이 추악한 양상으로 번지는 것을 두려워한 마리가 1845년 6월 초에 자녀 양육권을 포기하면서 아이들은 모두 리스트의 책임이 되었다. 그는 어머니 안나 리스트에게 아이들을 맡기고는, 양육비를 벌기 위해 더욱 분주히 유럽 전역을 돌아다녀야 했다.

* 코지마의 언니 블랑딘은 스물여섯 살에 아들을 낳고 두 달 만에 갑자기 사망했다. 코지마와 쌍둥이처럼 닮은 그녀의 초상화는 자주 코지마의 초상화로 오인되었다. 어린 시절 사랑스러운 두 자매의 모습이 초상화로 남아 있다.

제3부

프미드리히 실러와 스위스 민주주의

제1장

《빌헬름 텔》,
스위스 독립 이야기

프리드리히 실러

독일의 대표적인 극작가 프리드리히 실러(Friedrich Schiller, 1759~1805)는 마지막 희곡《빌헬름 텔(Wilhelm Tell)》(1804)에서 스위스 독립의 과정을 보여준다. 그의 희곡 중 유일하게 비극 아닌 해피 엔딩으로 끝나는 이 작품은 중세의 역사적 사건들과 전설을 기막힌 솜씨로 한데 버무려 흥미진진한 스위스 독립의 역사를 성공적으로 후세에 전한다. 당연히 독일보다 오히려 스위스에서 가장 중요한 작품의 하나로 여겨지며, 빌헬름 텔의 본거지로 알려진 알트도르프에서 지금도 빈번히 공연되고 있다.

루체른 호수의 원래 이름
피어발트슈테터 제

실러는 루체른 호수를 둘러싼 세 개 칸톤(Kanton, 스위스의 주)에서 1307~1308년에 실제로 일어난 역사적 사건을 기본 축으로 삼고, 여기에 '빌헬름 텔' 전설을 더해 하나의 이야기로 엮어냈다. 그가 이 이야기를 아주 그럴싸하게 만들어 냈기에 많은 사람이 진짜 역사라고 믿지만, 일부는(특히 빌헬름 텔 부분) 역사적 사실이 아니다.

실러는 예나 대학에서 역사 교수를 지낸 사람인데도, 작가로서는 허구 일부를 작품에 도입하곤 했다. 물론 그 자신은 어디부터 역사고 어디까지 전설인지 구분했지만, 잘 만들어진 그의 작품에서는 그런 구분이 쉽지 않다. 역사가도 아닌 우리가 그것을 정밀하게 구분할 필요까지는 없겠으나, 상당히 정확한 역사적 사실이 바탕에 깔려 있다는 점을 알아두면 좋을 것이다.

이 희곡에 접근하려면, 우선 여기서 다루어지는 사건들이 700년도 더 전에(고려 시대) 일어난 일이라는 점을 꼭 기억해야 하고, 사건이 일어난 장소도 알아두면 좋다. 물론 스위스에 실제 장소들이 존재하고 있으며, 오늘날에도 직접 방문해 돌아볼 수 있다. 다만 지명은 같아도, 오늘날에는 옛날 모습을 짐작도 할 수 없을 정도로 완전히 달라졌다.

책을 열면 등장인물 소개에서부터 우리에게 낯선 지명들이 나타난다. 첫 장면의 무대 지문에서도 낯선 이름과 지역이 소개되고 있으니, 한국의 독자에게는 문 앞에 거의 '입장사절' 팻말이 붙은 것처럼 보일 정도다. 구글 지도와 세계여행이 일상이 되다시피 한 오늘날에도, 현지에 가보지 않은 사람에게, 그리고 가본 사람에게도 이것은 큰 장애가 되지 않을 수 없다. 이야기가 시작되기도 전에 이것저것 찾아보고 알아둘 게 많아 귀찮기도 하다.

하지만 조금만 인내심을 갖는다면, 중세 스위스의 지명 자체가 이미 역사를 담고 있다는 걸 알 수 있다. 게다가 중세의 지명은 토속적이고 구수한 속 내용을 지니고 있어 우리 옛이야기와도 닮은 구석이 꽤 있다. 등장인물 소개에 등장하는 슈비츠, 우리(Uri), 운터발덴은 스위스에서 맨 처음 맹세로 연합한 세 개 칸톤의 이름이다. 이른바 '초기 칸톤들(Urkantone)'이다. 즉 1291년에 스위스 연맹을 결성한 '씨앗 칸톤들'로서, 스위스 한복판에 자리 잡은 루체른 호수를 둘러싼 칸톤들이다.

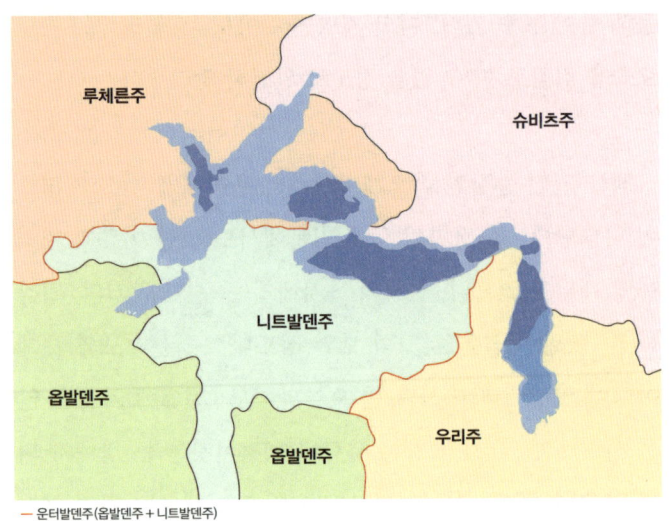

— 운터발덴주(옵발덴주 + 니트발덴주)

네숲고을 호수와 네 개 칸톤들.
운터발덴은 오늘날에는 분리된 '니트발덴(아래 발덴)'과 '옵발덴(위 발덴)'을 합친 이름. 13~14세기의 옛날 맹약에서 니트발덴과 옵발덴은 제각기 일종의 절반 칸톤(Halbkanton)으로서, 합쳐서 '운터발덴'이라는 하나의 칸톤을 이루었다. 실러 작품에서도 아래 숲 동네, 위 숲 동네가 구분되고는 있지만, 그냥 '운터발덴'이라는 합쳐진 이름으로 등장한다.

'칸톤 루체른(루체른주)' 역시 루체른 호수를 둘러싼 (오늘날) 가장 중요한 칸톤의 하나지만 씨앗 칸톤에는 들어가지 못한다. 맨 처음에 함께 연맹을 결성한 게 아니고 나중에야 연맹에 가입하기 때문이다. 그리고 이렇듯 역사적으로 중요한 '네 개 칸톤(고을)이 둘러싼 호수'라는 게 루체른 호수의 원래 이름이다.

도이치 말 '피어발트슈테터 제(Vierwaldstätter See)'는 우리말로 번역이 가능한 낱말들을 이어 붙여놓은 것이다. Vier(넷), Wald(숲), Stätte(고을), See(호수), 그리고 Stätte에는 고유명사가 형용사처럼 쓰일 때 붙는 형용사 어미 -(e)r가 붙어 Stätter가 된다. 우리말로 고스란히 옮기면 '네숲고을호수', 띄어쓰기를 적용하면 '네 숲 고을 호수'고, 뜻으로 보면 '숲속 고을 넷이 둘러싼 호수'다. 한가롭고 예스러운 이름 아닌가?

신성 로마 제국과 합스부르크 가문

이 작품에서 역사적으로 중요한 역할을 하는 것이 합스부르크 가문*이다. '제국 직속령'으로서 자유를 보존하던 스위스의 초기 칸톤들이 합스부르크 가문의 지배를 받지 않으려고 이 가문에 맞서 싸웠기 때문이다. 여기서 제국이란 '신성 로마 제국'을 가리키는데, 당시 제국의 황제는 합스부르크 가문 출신인 알프레히트 1세(1298년부터 황제)였다.**

꼼꼼히 읽는 사람도 이 자리에서 헷갈리지 않기가 어렵다. 아니, 제국의 일부라면서 황제 가문에 저항하다니, 제국과 황제가 하나가 아니란 말인가? 그렇다, 신성 로마 제국에서는 아니다. 제국은 하나지만, 왕/황제는 세습이 아니라 몇

- 중세 말기에 유럽의 가장 강력한 제후 가문의 하나로 일어서서 신성 로마 제국이 끝날 때까지(1806) 스물한 명의 왕/황제를 배출하고, 1804년부터 1918년까지(제1차 세계대전 끝) 오스트리아를 통치한 황제 가문.
-- 중세 역사에서 로마-도이치 제국, 곧 신성 로마 제국의 수장에 대해서는 자주 '왕'과 '황제'라는 명칭이 같이 쓰였다. 신성 로마 제국이라는 개념이 나중에야 만들어졌기 때문에 생기는 일이다. 우리 작품에서도 같은 인물에게 '황제' 또는 '왕'이라는 두 가지 명칭이 붙지만, 이는 신성 로마 제국의 위상이 정확하지 않던 중세 사람들의 말버릇이라고 생각하면 편할 것 같다.

개 주요 가문에서 한 명을 뽑는 선출제였기 때문이다.

그러니까 오늘은 합스부르크 가문의 황제라도 그가 죽고 나면 내일 다른 가문에서 황제가 나올 수도 있는 상황이었다. 하지만 한번 합스부르크 가문에 속하게 되면, 제국의 운명과는 별개로 가문의 속령이 되고 만다. 이런 상황에서 스위스 초기 칸톤들은 합스부르크 가문에 속하지 않고, 제국 직속령으로 계속 남기를 원했다.

신성 로마 제국, 온갖 통치령들의 집합체

신성 로마 제국이란 명칭은 그럴싸해도 실은 온갖 종류 통치령을 매우 엉성하게 모아놓은 집합체에 지나지 않았다. 제국 안에는 왕이나 공작, 또는 각종 수도원이나 주교가 지배하는 영토도 있었고, 또한 백작이나 남작의 영토도 많았다. 수도원이나 주교의 영토는 교황의 영향에도 들어가니 황제라도 마음대로 할 수 없었다. 황제 가문에 직접 속하지 않는 왕국이나 공작령도 마찬가지였다. 이런 통치체들 말고도 상당히 자유를 누리는 제국 직속령도 있었다. 그리고 당시 스위스 지역은 제국 직속령에 속했다.

제국 직속령은 황제를 위해 전투에 나갈 의무를 빼고는 다른 누구의 속박도 받지 않았다. 다만 사형 같은 엄중한 형벌을 위해서만은 황제 또는 황제 대리인의 판결을 받아야 했다. 우리 작품에 등장하는 태수들은 바로 황제 대리인들이다.

여기서 문제가 복잡해진다. 태수들의 권한은 황제 대리인의 권한, 곧 제국에서 받는 권한이었다. 하지만 특히 스위스 지역에서 알프레히트 황제는 제국 황제가 아닌 합스부르크 가문의 수장으로서 가문의 영토를 확장하려 애쓰는 중이었다. 이 황제가 스위스 지역에 파견한 태수들은 모두 합스부르크 가문에 복종하는 사람들이었다. 태수들은 스위스의 지방민들에게도 제국 말고 합스부르크 가문에 속하라고 강요하면서 온갖 폭정을 일삼았다.

합스부르크 가문의 출신지, 오늘날 스위스

그러는 데는 물론 이유가 있었다. 뒷날 오스트리아 제국의 왕 또는 황제로 오래 군림한 합스부르크 가문은, 원래 오늘날의 오스트리아 지역 출신이 아니고 북부 스위스의 칸톤 아르가우(Aargau)의 합스부르크라는 곳에서 출발했다.* 물론 당시에는 오늘날과 같은 국가 구분이 없었고, 그런 구분이 막 시작되려던 시절이었다.

* 지금도 합스부르크성이 남아 있다.

합스부르크성.

   1273년에 합스부르크 가문 처음으로 제국 황제에 선출된 루돌프 1세는 그때까지만 해도 지방 귀족인 백작에 지나지 않았었다. 하지만 황제로 선출되고 난 뒤 그는 강력한 경쟁자이던 보헤미아 왕을 전투에서 죽이고 '오스트리아 공작' 작위를 거머쥐었고, 그로써 가문의 지위를 백작에서 공작으로 올려놓았다. 왕과 거의 대등한 위치인 공작은 백작과는 위상이 다르다. 이때부터 합스부르크 가문의 통치령 확대 정책이 본격적으로 가동된다.

   중세의 서유럽,* 즉 신성 로마 제국에서 황제란 명칭은 거창하지만, 실질 권력은 가문이 통치하는 세습 영토에 근거했다. 합스부르크 가문은 황제 지위를 차지하면서 동시에 가문의 통치령을 확대하기 위해서 엄청난 노력을 기울였고, 처음부터 곧바로 저 유명한 합스부르크의 혼인 정책도 가동했다. 가문의 중요한 왕자와 공주를 다른 지역의 세습영지를 물려받을 후계자와 혼인시킴으로써 영향력 또는 영토를 늘려나가는 정책이었다.

알프레히트 1세 황제

우리 작품에서 직접 등장하지는 않지만, 자주 거론되는 '황제'는 알프레히트 1세인데, 합스부르크 최초의 황제인 루돌프 1세의 아들이다. 그는 아버지의 사망(1292) 이후 황제 자리를 곧바로 물려받지 못하고, 중간에 들어온 다른 가문 사람을 몰아낸 다음 우여곡절 끝에 1298년에야 황제로 선출되었고, 곧바로 아헨에서 대관식을 치렀다.

아버지에 뒤이어 가문의 통치령을 늘리는 일에 관심이 컸던 알프레히트는, 출신지이자 본거지인 스위스 지역만이 아니라 폴란드와 보헤미아의 지배권을 지키려 노력하면서 곧

- 당시 동유럽은 동로마 제국 또는 비잔틴 제국이 중심.

바로 아들들에게도 여러 공작 작위를 분배해주었다. 물론 황제는 유럽의 온갖 국제 정세에도 관여했지만, 주요 근거지는 여전히 스위스 땅에 있었다.

요약하면 이렇다. 이 작품의 배경이 되는 14세기 초에 합스부르크 가문은 유럽의 국제적인 왕가로 올라서고 있었다. 가문이 단합해 힘을 키우고 영토를 확장하던 이 시기에, 유럽의 황제 자리를 거머쥔 합스부르크 가문의 수장이 자기들의 출신지이기도 한 스위스를 가문의 확고한 영토로 삼으려 하는 것은 지극히 당연한 일이었다. 하지만 우리 작품에서 보듯 스위스 사람들의 거센 저항으로 합스부르크는 스위스 중앙부에서 밀려나 오스트리아로 본거지를 옮겼다. 즉 스위스 독립의 이야기는, 스위스 초기 칸톤들이 힘을 합쳐 합스부르크 가문의 통치를 벗어나면서 오히려 합스부르크를 스위스에서 몰아내는 과정인 셈이다.

조카가 황제를 암살하다

알프레히트는 1308년에 친동생 루돌프 2세의 아들, 즉 조카 손에 암살당했다. 열여덟 살의 어린 조카였다. 합스부르크 성에서 멀지 않은 빈디슈(Windisch)라는 곳(즉 스위스)에서였다. 역사에서 이 암살자 조카는 요한 폰 슈바벤, 또는 친족 암살자라는 뜻의 라틴어 '파리치다'라는 이름으로 알려져 있다.

알프레히트의 친동생 루돌프 2세는 원래 아버지-황제에게서 형과 함께 '오스트리아 공작' 작위를 물려받았지만, 곧이어 제정된 가문 법에 따라 오스트리아 공작 작위를 온전히 형에게 양도하고, 자신은 슈바벤 공작이 되어 루돌프 폰 슈바벤이라는 이름으로 불리게 된다. 그래서 그의 아들 이름은 요한 폰 슈바벤.

알프레히트 1세가 오스트리아 공작으로서의 확고한 지위를 차지했음에도 아직 가문의 본거지인 합스부르크 근처를 완전히 벗어나지 않았음을 우리는 이 작품에서 볼 수 있다. 당시 황제 궁은 오늘날 스위스의 아르가우주의 합스부르크에서 멀지 않은 라인펠트(Rheinfeld)—또는 오늘날 이름 라인펠덴—에 있었다. 오늘날 독일과의 국경선에 붙은 지역으로 바젤에서 아주 가깝다.

그런 만큼 초기 칸톤의 대표들이 파견한 사자는 황제를 만나려고 루체른에서 별로 멀지 않은 이곳 라인펠트 궁전으로 갔고, 그곳에서 불만에 가득 찬 요한 공을 미리 만난다. 아직 어린 요한 공은 아버지에 이어 어머니까지 죽은 다음 자기 몫의 유산을 돌려달라고 후견인인 백부-황제에게 거듭 요청했지만, 백부가 끄떡도 하지 않아 좌절한 모습이다(《빌헬름 텔》, 1332행 이후). 나중에 황제를 암살한 이 조카는 '파리치다'라는 이름으로 우리 작품에 직접 등장해 빌헬름 텔과 만난다(제5막 제2장).

그 바로 앞인 제5막 제1장에서 슈타우파허는, 어린 요한 공이 다른 귀족들과 힘을 합쳐 알프레히트 황제를 암살하는 과정을 비교적 상세히 보고하고 있다(2965행 이후).

이로써 작가 실러는, 합스부르크 가문이 영토 욕심을 부리다가 자기들끼리의 내분으로 황제 암살을 벌이는 과정을 작품에 소개하고, 그에 비해 스위스 사람들의 궐기는 영토 욕심에서 나온 것이 아닌, 자신의 생활 터전을 지키려는 기본권의 행동이라는 사실을 분명히 한다. 빌헬름 텔이 극단적 폭정을 일삼는 태수 게슬러를 죽인 일도 역시 같은 이유로 정당성을 얻는다.

알프레히트가 이렇게 죽고 바로 뒤이어 다른 가문에서 황제가 나온 일이 스위스의 초기 칸톤들에는 맹약(盟約)을 더욱 단단히 다지고, 다음 일에 대비할 시간과 힘을 마련해주었다. 그런 만큼 스위스가 합스부르크 가문과 별개의 독립된 국가로 일어서는 과정에서, 합스부르크 황제의 암살 사건은 매우 중대한 역사의 행운이었다.

뤼틀리 민회의 맹약과 총궐기

실러는 스위스의 연대기 기록자인 에기디우스 추디(Ägidius Tschudi, 1505~1572)가 1570년에 쓴 기록을 토대로 역사와 전설을 하나로 합쳤다. 추디의 기록 자체가 이미 사건이 일어난 시점에서 260년 이상 지난 뒤의 것이므로 모두 실제 사건이라고 보기는 어렵지만, 확실한 것은 스위스 연맹이 합스부르크의 속령이 된 적이 없다는 사실이다.

뒷날 삼십년전쟁이 끝나고 1648년에 나온 유럽의 평화조약(베스트팔렌 조약)에서 스위스는 독립국가로서 국제적인 확인을 받았다.* 즉 스위스는 1291년 초기 칸톤들의 맹약 이후로 오늘날까지 줄곧 독립국가다. 오늘날의 독일, 오스트리아, 이탈리아의 역사와 비교하면 이는 매우 선명한 역사이니, 그들이 이 독립의 이야기를 자랑스럽게 여기는 게 전혀 이상하지 않다.

《빌헬름 텔》의 줄거리는 종결부에 등장하는 황제 암살을

---

* 네덜란드도 사나운 저항 끝에 이때 스페인-합스부르크 통치에서 벗어나 독립국이 되었다.

거대한 역사적 배경으로 삼아 두 줄기로 펼쳐진다. 한 줄기는 뤼틀리 민회(民會)의 결의에 따른 민중의 총궐기, 다른 한 줄기는 전설의 활쏘기 명인 텔이 자기에게 거듭 부당한 일을 행한 태수 게슬러를 개인적인 이유에서 암살한 이야기다. 이 두 줄기 활동이 합쳐지면서 스위스 사람들은 성공적으로 독립을 쟁취한다.

제1막에서는 운터발덴, 슈비츠, 우리(Uri) 고을(칸톤)의 어부, 농부, 사냥꾼 등 평범한 사람들이 태수들에게 여러 부당한 일을 겪으며, 민중의 분노가 점점 커지는 과정이 나타난다.

운터발덴 사람 바움가르텐

바움가르텐은 태수가 파견한 성주(城主)가 자기 아내를 범하려는 걸 알고 성주를 죽였다. 그러고는 태수의 군대를 피해 도망쳐서 우리(Uri) 고을의 호숫가에 당도한다. 호수 저편으로 도망치면 살길이 있을 듯한데, 하필 이 순간 닥쳐온 폭풍이 두려워 어부가 배를 띄우지 못한다. 때마침 그곳을 지나던 사냥꾼 텔이 대신 노를 저어 호수로 도망쳐서 뒤쫓아 온 태수의 기마병으로부터 그를 구해낸다. 텔은 바움가르텐을 건너편 슈비츠 고을 슈타우파허의 집으로 안내한다. 바움가르텐은 슈타우파허의 집에 숨는다.

슈비츠 사람 슈타우파허

귀족 아닌 평민이지만 누구에게도 매이지 않은 자유민 슈타우파허는 집을 새로 짓고 번영을 누린다. 하지만 우리(Uri) 고을과 슈비츠 고을의 태수인 잔혹한 게슬러가 그걸 못마땅하게 여기며 그의 재산을 노리고 있으니 불안하다. 그의 아내인 지혜로운 게르트루트는 남편에게 여자들 걱정은 하지 말고, 뜻이 맞는 친구들을 만나 나라의 앞일을 상의해보라고 권한다.

그는 우리(Uri) 고을의 자유민으로 사람들의 존경을 받는 발터 퓌어스트를 만나보려고, 텔과 함께 배를 타고 우리(Uri) 고을 플뤼엘렌으로 향한다. 플뤼엘렌에서 퓌어스트의 집으로 가는 도중에 알트도르프 광장 높은 곳에 태수 게슬러의 명령으로 장차 감옥으로 쓰일 요새가 만들어지는 것을 본다.

우리(Uri) 사람 발터 퓌어스트와 운터발덴 사람 멜히탈

슈타우파허가 발터 퓌어스트의 집에 도착해보니 운터발덴 사람 멜히탈이 이곳에 피신해 있다. 자유민의 아들인 멜히

오늘날 우리(Uri)의 알트도르프 전경.

탈은 사소한 잘못을 핑계로 자기 집 황소 두 마리를 끌고 가려던 태수의 하인 손가락을 때려 부러뜨렸다. 그러고는 태수의 복수를 피해 도망쳐 여기 숨었지만, 집에 남겨둔 늙은 아버지 걱정이 태산이다.

슈타우파허는 자기 집으로 도망쳐 온 바움가르텐에게서 들은 운터발덴의 최근 소식을 전한다. 멜히탈의 아버지가 그곳 태수에게 잡혀가 쇠꼬챙이로 눈 쑤시는 일을 당해 두 눈을 다 잃었다고 한다.

이 소식을 듣고 집으로 돌아가겠다고 미쳐 날뛰는 젊은 멜히탈을 진정시키고, 세 사람은 상의를 시작한다. 때마침 세 고을 사람 셋이 여기 모였다. 각자 자기 고을로 돌아가 뜻 맞는 사람 열 명씩을 데리고, 몇 월 며칠 한밤중에 태수들에게 들킬 염려가 없는 외진 곳 뤼틀리에서 만나 긴급 민회를 열기로 합의한다.

귀족 아팅하우젠 남작과 조카 루덴츠

평민들이 온갖 곤욕을 치르는 동안에도 귀족들은 태수들의 직접적인 수탈에서는 벗어나 있다. 태수들도 귀족은 함부로 대할 수 없었기 때문이다. 그중에서도 아팅하우젠 남작은 민중의 존경을 받는 사람이지만, 이미 늙어서 꼼짝할 수가 없다. 그는 자손이 없어 조카인 루덴츠에게 재산과 작위를 물려줄 판인데, 루덴츠는 스위스가 합스부르크의 속령이 되는 편이 더 좋다고 잘못 생각하고 있다. 깊은 한숨을 내쉬는 늙은 남작.

뤼틀리 민회, 민족 대표 33인

슈타우파허, 퓌어스트, 멜히탈이 미리 약속한 대로, 자신들을 포함해 각 고을의 대표 열한 명씩, 세 고을 대표 총 서른

세 명이 정해진 날 한밤중에 뤼틀리에 모인다. 이렇게 비밀리에 열린 민회 장면은 제2막 제2장에서 펼쳐진다. 원래는 민회가 여러 번 열렸다는데, 실러는 단 한 차례로 줄였다.

스위스의 민회 장면은 흔히 만나기 어렵고, 특히 모임 시작 부분에서 달밤에 쌍무지개까지 떠서 더욱 인상 깊은 장면이다. 실러는 물론 이런 배경을 자신이 참고한 문헌에서 가져왔다. 옛 모습은 이미 거의 남지 않았지만, 뤼틀리는 지금도 루체른에서 플뤼엘렌으로 가는 뱃길에 잠시 내려서 살펴볼 수 있다.

당시 민회에는 농노 신분의 사람들도 왔는데, 그들도 회의에 받아들여진다. 마침 민회 의장을 지낸 사람이 있어서 그가 의장을 맡고, 전통에 따라 민회의 시작을 선포한다.

맨 먼저 스위스 사람들의 기원이 밝혀진다. 저 멀리 북방 스칸디나비아에 기근이 들어 먹을 것이 없을 때, 그곳의 민회에서 제비를 뽑아 열 가구에 한 가구씩 고향을 떠나기로 정했고, 실제 그렇게 되었다. 그들은 무작정 남쪽으로 내려왔는데, 사람 살 만한 곳은 모두 이미 누군가 차지했으니, 하는 수 없이 사람 드문 산악 지역으로 밀려 들어왔다. "곰들의 처소"에 지나지 않던 험한 알프스 산악 지대를 조금씩 다듬어 먼저 작은 슈비츠 읍을, 이어서 슈탄츠(슈탄스)와 알트도르프를 세웠다. 즉 초기 스위스 사람들은 저 북방의 게르만-바이킹 출신이다.

그들은 제국 직속령으로 자치(自治)를 하고 있으며, 사형재판만이 황제의 권한이다. 그 일을 위해 황제는 이 땅에 직접 이권(利權)이 없는 외부의 귀족을 파견하곤 했다. 하지만 지금의 황제는 스위스 옛 고을들이 제국 직속령임을 확인해 주는 걸 슬그머니 피하면서 합스부르크의 하인(태수)들을 보내 스위스 사람들에게 쇠고랑을 채울 궁리뿐이다.

이런 내용을 확인한 다음, 슈타우파허의 입에서 저 유명한 대사(계몽주의, 저항권)가 나온다.

> 억압받는 자가 그 어디서도 정의를 찾아내지 못하면,
> 그 짐이 견딜 수 없게 되면 — 그는 확고한 용기로
> 하늘을 향해 손을 뻗어 올려
> 저 하늘의 별들처럼
> 양도할 수도, 파괴할 수도 없이 걸려 있는
> 영원한 정의를 가져오는 것이오 —
> 인간이 인간에게 마주 서는
> 오래된 자연의 원상태가 되돌아오고,
> 다른 어떤 수단도 효력이 없어지면

마지막 수단으로 칼이 주어지는 것이오 —
우리는 폭력에 맞서 우리의 최고 재산을
방어할 수 있소 — 우리는 조국 앞에,
우리의 처자 앞에 서 있다!(1275~1287행)

하지만 의장은 칼을 쓰기로 결정하기 전에 먼저 다른 방책을 모두 시도해보았는지 묻는다. 그러자 슈타우파허와 퓌어스트 등 원로들이 앞으로 나서며, 그사이 황제에게 대표를 보내 대화로 해결할 방안을 모색했으나 황제가 만나주지도 않았다는 내용을 보고한다. 그들은 이젠 칼을 들고 방어할 수밖에 없다는 사실에 모두 합의한다. 33인 민족 대표의 장엄한 결의.

세 고을이 같은 날 궐기하기로 대략 날짜를 정하고 구체적 방안을 논의한 다음, 모두가 비밀을 지켜 결의를 보호하기로 맹세하고 새벽이 밝아올 때 민회는 해산한다.

전설의 영웅, 명사수 빌헬름 텔

발터 퓌어스트의 사위인 사냥꾼 빌헬름 텔은 제1막에 잠깐 등장해 바움가르텐을 구해내고는 뤼틀리 민회에는 참석하지 않는다. 그는 무언가를 검토하고 논의하는 일은 잘 못 하고, 대신 '행동'이 꼭 필요할 때는 서슴없이 앞으로 나서는 사람이다(440행 이후). 자기가 평화를 지키면 세상이 자기에게도 평화를 허용할 거라고 굳게 믿고 있다.

하지만 제3막에서 아들과 함께 장인인 퓌어스트의 집으로 가려고 알트도르프 중앙 광장을 지나다가, 태수 게슬러의 모자를 장대에 꽂아놓고 감시하는 보초병들을 만난다. 게슬러는 마치 태수를 본 것처럼 이 모자에 경의를 표하라는 포고령을 내려두었고, 보초병은 사람들이 명령을 지키는지 감시하는 중이다.

모자에 아무 인사도 없이 지나려는 텔을 두 보초병이 체포하려 하자 아이가 구해달라고 소리 높이 외친다. 사람들이 몰려들어 소란이 계속되는데, 마침 사냥하러 떠났던 게슬러가 말을 타고 일행과 함께 이 자리에 나타난다.

사과 쏘기

게슬러는 얼마 전 외진 산길에서 혼자 텔을 만나 그 앞에서 두려워 벌벌 떤 적이 있었다. 하지만 지금은 텔이 명령을 어겨 체포되었고, 주변에 부하도 많으니 여유롭다. 텔이 그토록 활을 잘 쏘느냐고 묻자 텔의 어린 아들이 냉큼 그렇다고 대답하고, 게슬러는 그토록 명사수라면 사과를 쏘아 맞히라고 명령한다. 아들의 머리 위에 놓인 사과를 80걸음 떨어진 곳에서 맞히면 텔과 아들의 목숨을 보장하지만, 안 쏜다면 둘 다 죽는다.

텔은 마침내 체념하고 화살 하나를 화살통에서 뽑아 먼저 옷깃에 꽂고, 다른 화살을 활에 먹인다. 사람들 사이에 짧은 소동이 일어난 사이, 텔은 극도로 집중해 화살을 날리고, 정확히 사과를 맞혀 아들의 머리에서 떨어뜨린다. 모두 놀라는 가운데 태수가 텔에게 다시 묻는다. 또 다른 화살로는 무얼 할 셈이었나? 되풀이된 물음에 마지못해 텔이 대답한다. 만일 잘못해서 아들을 맞힐 경우, 태수 나리를 쏠 셈이었소.

그 말에 분노한 태수는 약속대로 목숨은 살려주겠으나, 그를 체포해서 달도 해도 비치지 않는 곳에 가둘 거라며 부하들을 거느린 채 텔을 데리고 플뤼엘렌으로 향한다. 배를 타고 호수 건너편 슈비츠의 퀴스나흐트로 갈 셈이다.

배에서 뛰어내리기

폭풍이 몰려오는데도 태수는 마음이 급했던지 플뤼엘렌에서 배를 띄웠다. 하지만 생각보다 훨씬 끔찍한 악천후. '우리 호수(Urner See)'라고도 불리는 이곳 플뤼엘렌 쪽은 호수 양편으로 높이 솟은 암벽에 바람이 갇히면 걷잡을 수 없이 폭풍과 물살이 거세지는 곳. 이날 호수엔 마침 그렇게 대단한 폭풍이 닥쳐왔다.

아래 지도를 보라. 칸톤 우리(Uri)가 삼면을 둘러싼 호수의 남쪽(지도의 오른쪽 아래)은 예부터 유명한 고트하르트 고개로 통하는 길로서, 매우 가파르게 알프스산맥과 연결된다. 남쪽에서 고트하르트 고개를 넘어온 바람이 높고 좁은 암벽 사이 호수로 몰아닥치는 날에는, 갇힌 바람이 미쳐 날뛰는 통에 옛날 배들은 꼼짝없이 풍랑에 흔들리고, 배에 탄 사람들은 목숨이 위태로웠다.•

호수 양편으로 사납게 솟은 암벽들 사이에서 배가 나뭇잎처럼 흔들릴 적에, 아무런 방책도 없는 하인들은 힘센 텔이 노를 저을 수 있으니 그에게 키를 맡겨보자고 태수에게 간청한다. 목숨이 위태로운 상황에서 달리 뾰족한 수가 없던 태

• 오늘날에는 호수 양쪽의 거친 암벽들이 모두 잘 정비되어 그런 위험이 없다.

네숲고을 호수.

수는 텔의 포박을 풀고 그에게 배를 맡긴다.

텔은 죽을힘을 다해 배를 몰아가다가 호수 오른편에서 밖으로 튀어나온 약간 평평한 바위*를 보고는, 마침 옆에 있던 석궁을 집어 들고서 있는 힘껏 바위로 뛰었다. 다행히도 그

---

* "큰 악센의 발치에 있"는 바위(2254행). 오늘날 빌헬름 텔 예배당이 서 있는 자리다. 역시 배에서 내려 둘러볼 수 있고, 그 주위로 트래킹 노선이 연결된다.

오늘날 빌헬름 텔 예배당 안에 그려진 그림.
리스트의 '순례의 해들' 스위스 편 제1곡의 제목이 '빌헬름 텔 예배당'이니
리스트의 스위스 여행은 빌헬름 텔 이야기에서 출발한다.

는 바위를 붙잡아 목숨을 구했고, 그가 뛰는 힘에 뒤로 밀린 배도 호수 한복판으로 나아가며 바위에 부딪히는 일을 피한 덕에 태수 일행도 목숨을 구했다.

폭군 죽이기

목숨을 구한 텔은 태수가 지나갈 길로 찾아가 길목을 지킨다. 태수를 기다리는 동안 텔은 살인을 기획하며 홀로 긴 생

각에 잠긴다. 거듭 깊이 생각해봐도 이것은 꼭 자기가 해야만 할 일이다. 그는 마음을 굳게 먹고 몸을 숨긴다.

좁은 협곡 사이로 난 퀴스나흐트 가는 길은 여러 명이 단번에 지나기 어려운 좁은 길로, 남편이 게슬러의 성에 감금된 채 재판이 한없이 미뤄지는 바람에 살기가 막막해진 여인(아름가르트) 하나도 이 좁은 길에서 태수를 기다린다. 말에 높이 올라탄 태수가 협곡 길에 나타난다. 아이들과 함께 기다리던 여인이 태수의 앞길을 가로막고 죽을 각오로 그의 말고삐를 붙잡고 늘어지며 남편을 살려달라고 간청할 적에, 화살 하나가 날아와 말에 탄 게슬러의 가슴을 꿰뚫는다. 태수의 하인들을 뺀 다른 사람들은 놀라기는 했으나, 그 누구도 슬퍼하는 이가 없다.

세 고을의 총궐기,
귀족과 민중이 합심하다

늙은 남작의 임종

한편 이런 일이 벌어지고 얼마 뒤에 늙은 아팅하우젠 남작이 숨을 거둔다(제4막 제1장). 세 고을 대표인 슈타우파허, 퓌어스트, 멜히탈, 그리고 바움가르텐과 하인들이 모여 존경하는 귀족의 임종을 지킨다. 죽기 전에 남작은, 세 고을이 함께 궐기할 것이라는 뤼틀리 민회의 결의 소식을 듣는다. 많은 사람이 동참하고 있는데도 지금까지 비밀이 잘 지켜지고 있다는 소식에 남작은, 귀족의 도움 없이도 민중이 스스로 그런 결정을 내렸다며 놀라고도 기뻐한다. 죽어가면서 그는 스위스의 앞날을 축복하는 예언적인 환상을 말한다.

젊은 남작 루덴츠의 위기

그보다 이전, 남작의 조카 루덴츠는 게슬러와 함께 사냥할 적에 마침내 자기가 연모하는 귀족 여인 베르타와 단둘이 이야기할 기회를 얻었다(제3막 제2장). 그의 생각과는 달리 그녀는 합스부르크의 편에 서지 않고 오히려 태수들에게서 위협을 느끼며, 게슬러와 정략결혼을 해야 할 위기를 피하고 싶어 한다. 황제와 게슬러가 그녀의 영지를 차지하려는 속셈을 품고 있기 때문이다. 스위스 민중과 루덴츠만이 자신의 희망이라는 그녀의 말에, 루덴츠는 스위스 민중의 편으로 돌아서며 그녀와 장래를 약속한다.

죽어가던 늙은 남작은 루덴츠가 마음을 돌렸다는 소식까지는 들었지만 그를 보지는 못한다. 루덴츠는 뒤늦게야 임종의 자리에 나타난다. 이제 젊은 남작이 된 루덴츠는 슬퍼하면서도 동시에 그 자리에 모인 사람들에게 자신의 급박한 사정을 알린다. 우선 자기가 그동안 민회의 결의 내용을 알고도 입 밖에 낸 적이 없고, 스위스를 배신한 적이 없음을 분명히 밝힌다. 이제 민중의 편으로 마음이 돌아섰으니만큼 그들과 뜻을 함께하겠단다.

그러면서 그는 자기 약혼자 베르타가 실종되었다는 소식을 전한다. 그녀의 영지를 노리는 태수들이 그녀를 납치해 어딘가에 가두었을 것이다. 상황이 이렇듯 긴급하니 만일 민중이 자기와 함께 움직이지 않겠다면, 자기는 혼자서라도 일어나지 않을 수 없단다. 루덴츠는 궐기를 뒤로 미룬 것이 실수라고 주장한다.

이 말에 민중 대표들은 저 고약한 태수들이 귀족까지도 괴롭힌다며 깜짝 놀란다. 그들은 즉석에서 급히 계획을 변경해 젊은 남작의 지휘를 따르기로 합의한다. 남작은 제각기 자기 고을로 돌아가 준비를 갖추고 대비하고 있다가, 산에서 봉화가 올라가면 고을마다 동시에 일어나 태수들의 성으로 진격하자고 지시한다. 물론 그 자신도 준비가 필요하다.

총궐기

총궐기를 알리는 봉화가 올라가기도 전에 텔이 이미 게슬러를 죽였다. 그로써 실은 가장 힘든 고비를 넘긴 셈이지만, 저마다의 준비로 모두 여념이 없다. 마침내 산봉우리 위로 봉화가 피어오르자 각 고을의 사내들은 별것도 아닌 각종 무기와 농기구를 손에 들고 태수의 성으로, 요새로 진격해 들어갔다. 발 빠른 소식을 통해 그들은 게슬러가 이미 죽었고, 태수들의 성이 모조리 함락되었다는 사실을 알게 된다.

알트도르프 광장으로 모두 모여들어 기뻐하는데, 발터 퓌어스트가 경고의 말을 던진다. 이번 일은 방금 시작된 것이지 아직 완성된 게 아니다. 황제가 군대를 몰고 태수들의 죽음에 복수하러 올 것이니까. 그의 경고에 사람들은 오솔길마다 협곡마다 길목을 지키면 적은 힘으로도 황제의 군대를 막을 수 있다며 자신감을 보인다.

바로 이 순간 황제가 암살당했다는 소식이 전해지는데,

소식을 가져온 슈타우파허가 암살 과정도 상세히 설명한다. 작가는 이 자리에서(2948행) 요한네스 뮐러—자기가 참고한 스위스 역사가—가 전하는 소식이라며 그 이름을 불러 역사가에게 경의를 표한다. 머지않아 왕비(황후)의 포고령도 들어온다. 스위스 사람은 누구도 살인자를 돕지 말 것이며, 그를 잡도록 도움을 달라는 편지다. 하지만 슈타우파허와 퓌어스트 같은 존경받는 원로들의 말은 매우 단호하다.

"우리는 이번 황제 암살로 인해 크나큰 부담을 덜었소. 그렇다 해도 이렇게 부도덕한 친족 살해는 기뻐할 일이 아니오. 그들끼리의 범죄와 복수는 우리와는 무관한 일이오. 황제는 살아서 우리의 권리를 보호하지 않았으니, 이제 와서 우리가 죽은 그를 위해 살인자를 쫓을 일은 없소이다. 우리는 그저 우리 자유를 건설하는 데 가장 큰 공을 세운 텔을 찾아가 만세를 부릅시다!"(요약 인용).

텔과 파리치다의 만남

사냥꾼 텔이 사는 뷔르클렌(Bürglen)은 우리(Uri)의 선착장 플뤼엘렌의 남쪽, 알트도르프를 지나 고트하르트 고개를 향해 더 높이 올라간 곳에 있다. 이 외진 집으로 텔이 서둘러 돌아오고 있는데, 그보다 앞서 수도복 차림의 낯선 사내 하나가 집 앞에서 기웃거린다. 텔의 아내가 허기져 보이는 사내에게 물을 가져다주지만, 그는 이 집이 텔의 집인가에만 관심을 보인다.

머지않아 텔이 나타나고, 식구들은 죽을 줄 알았던 가장이 돌아와 몹시 기뻐하지만, 텔은 처자식을 저편으로 보내놓고 잠시 수도사와 이야기를 나눈다. 그는 황제를 죽인 파리치다, 저 북쪽 빈디슈에서 황제 가문의 추적을 피해 이곳 산악 지대로 도망쳐 왔다. 백부-황제를 암살한 그는, 역시 태수를 암살한 텔을 만나자 안심하고 기뻐하며, 서로 같은 처지이니 자기를 도와달라고 청한다.

텔은 그에게 "당신은 탐욕에서 살인했고, 나는 아비로서 정당방위를 한 것"이라며 둘의 행동이 결코 같을 수 없다고 설명한다. 나는 하늘을 향해 깨끗한 두 손을 들어 올리지만, 당신은 정당한 자기방어를 한 것인가? 나는 자연을 위해 복수했지만, 당신은 자연을 해쳤다. 나는 가장 소중한 것을 지킨 거지만, 당신은 살인죄를 저질렀다. 그것도 부친 살해라고 할 만한 백부 살해를.

젊디젊은 파리치다는 텔의 설명에 절망해 더는 살 수 없다고 울부짖는다. 그 가여운 꼴을 보고 텔은 자신의 생각을 전한다. 교황님을 찾아가 죄를 고백하고 영혼을 구원하라는 게 텔의 충고다. 텔은 그에게 먹을 것을 넉넉히 챙겨주며, 고트하르트 고개를 넘는 길을 상세히 일러주고, 파리치다는 슬픔에 젖어 조용히 텔의 집을 떠난다.

마지막 장면은 뤼틀리 민회의 동지들이 모두 텔의 집 앞에 모여 텔을 위해 만세를 부르고, 구원받은 베르타와 루덴츠의 민중과 함께하겠노라는 맹세로 기쁨 속에 막이 내린다.

스위스 민주주의

스위스 국가의 성립 과정을 다룬 이 작품에서 우리는 그곳 민주주의의 특징들이 강하게 드러나 있는 것을 볼 수 있다. 이 작품은 전체 줄거리가 역사의 흐름과 잘 들어맞기는 하지만, 그렇다고 실제 사건이 꼭 이렇게 전개되었다고 말할 수는 없다. 문학작품에는 허구의 이야기도 포함된다. 그뿐만 아니라 작가의 사유와 사상도 가장 중요한 주제가 된다.

실러는 프랑스 대혁명(1789~1799)의 과정을 면밀히 관찰하고 그 실패를 통해 몇 가지 중요한 결론을 얻은 바가 있었다. 프랑스 혁명정부(공화정)는 왕을 처형하고 공포정치로 나아갔다가, 나폴레옹의 군부 집권으로 막을 내렸다. 그러니까 왕정을 없애고 공화정을 세웠지만, 결국은 나폴레옹이 황제가 되어 다스리는 제정(帝政)으로 끝난 것이다. 제정이란 왕정의 한 형태이니, 다시 말하면 왕정, 공화정, 도로 왕정이 된 것인데, 이게 혁명이 지향하는 바인가?

이런 역사의 전개를 토대로 실러는 프랑스 혁명의 밑바탕이 된 계몽사상에 대한 근본적인 반성을 《미학 편지》(1795)에서 전개했다. 계몽사상 자체에 대한 비판이라기보다 실천을 위한 보완책이었다. 프랑스 혁명이 목표한 대로, 부패하고 무능한 왕조를 뒤집어엎고 공화정 체제를 도입하는 데 일단 성공한다고 해도 민중이 미리 계몽되어 있지 않다면, 결국 혁명은 반대의 결과를 만들어낸다는 걸 역사는 보여주었다. 그것을 목격한 실러의 결론은, 체제 개혁보다 민중(시민)의 계몽이 더 먼저라는 것이다.

실러는 자신의 마지막 희곡 작품 《빌헬름 텔》에서, 역사적으로 이미 성공한 스위스 독립의 과정에 자신의 정치사상과 미학 사상을 담아냈다.

즉 여기 등장하는 스위스 민중은, 그들의 신분이야 무엇이든 '계몽된' 사람들이다. 흔히 하는 말로 '성숙한 시민'으로서 현실적이라기보다는 거의 이상에 가까운 모습을 보인다. 스위스 사람들은 척박한 자연과 투쟁하며 오랜 세월 가난하게(오늘날엔 엄청 부유) 살아왔지만, 스위스의 민주주의와 그들의 역사에는 실러가 그려낸 모습이 반영되어 있음을 부인하기 어렵다. 현실에서 각 개인은 여러 부정적인 측면도 많은 사람들이겠지만, 사회 전체로서는 여기 그려진 것과 비슷한 모습을 보인다.

이 작품에 드러난 스위스 민주주의의 뿌리가 되는 그들의 특징을 다음과 같이 정리해보았다. 인구가 많지 않은 작은

페르디난트 호들러, 〈빌헬름 텔〉(1897).

나라 스위스는 아직도 직접 민주주의의 특징을 많이 지니며, 전통적인 '민회'의 관습도 일부 남아 있다.

① (인가 드문 산악 지대에서) 내 생명과 가족은 내가 지킨다. 필요시 서로 협조.*

② 민중이 결정하고(민회), 귀족이 돕는다.**

③ 방어를 위해 칼을 들더라도 한계를 지킨다 — 영토 확장의 욕심이 없음.***

④ 비밀 엄수(Geheimhaltung, Confidentiality).****

⑤ 신분, 재산, 성별 등을 이유로 차별하지 않는다.

⑥ 서로 존중하나 누구도 숭배하지 않는다.*****

---

* 내가 주인이다 – 주인 의식.
** 정치인이 이끌고 민중이 따라가는 게 아니라 민중의 의식이 정치인의 결정을 끌어낸다.
*** 칼 꺼낸 김에 저것까지 해결하자는 게 아니다. 방어만 잘한다.
**** 배신하지 않는다. 긴 세월 스위스 은행의 영업 비결이기도 하다.
***** 정치 영역에서 영웅이나 스타 숭배를 하지 않는다.

제2장

프리드리히 실러

역사가-극작가 실러

스위스의 독립 과정을 성숙한 시민 민주주의 이상과 결합해 성공적으로 묘사한 작가 실러는, 이미 말했듯《삼십년전쟁의 역사》등 역사 저술을 남긴 역사가로서 예나 대학에서 역사와 철학 교수를 지냈다.

또한 삼십년전쟁의 핵심 장군을 주인공으로 삼은 희곡《발렌슈타인》(1797년, 3부작)을 썼고, 그보다 앞서 역시 합스부르크 왕가의 지배에 맞서 독립을 쟁취하는 네덜란드 독립전쟁을 중요 배경으로 삼아 사극《돈 카를로스》(1787)도 썼다. 여기서 돈 카를로스는 스페인 합스부르크 왕가의 세자이면서도 마음으로는 네덜란드 독립을 지지하는 인물이다. 삼십년전쟁이 끝나고 맺은 유럽의 평화조약에서 네덜란드와 스위스는 나란히 독립국가로 국제적 인정을 받았다. 두 나라 모두 독립과 동시에 민주주의가 깊이 뿌리를 내린 전통적인 민주주의 강소 국가다.

세계적으로 유명한 프리드리히 실러의 대표작들은 거의 모두 희곡이라—좋은 시들도 있지만—읽기가 힘들고, 우리나라에서는 공연도 이루어지지 않고 널리 알려지지도 않았다. 하지만《빌헬름 텔》의 뤼틀리 민회 장면에는 민족 대표 33인의 비장한 결의가 나타나는데, 우리의 3·1운동을 연상시키는 바가 있으니, 앞으로 누군가가 관심을 가질 수도 있지 않을까?

《빌헬름 텔》, 바이마르에서 작업하다

실러는 생전 스위스에 가본 적도 없이 바이마르에서 이 희곡 작품을 썼다. 평생 지지리도 돈고생을 한 작가는 내륙지역인 독일 중부에 살면서 여행도 많이 하지 않았으니, 한 번도 대양을 보지 못한 채〈잠수부[다이버]〉같은 시를 쓰고, 스위스에 가본 적도 없이《빌헬름 텔》을 썼다. 공간 묘사가 매우 중요한 이런 작품의 공간 문제를 그가 어떻게 해결했는지 쉽게 상상되지 않는다.

다행히도 이에 대해서는 라이벌 실러가 죽은 다음, 그에게 더욱 각별한 애착을 느낀 괴테의 증언이 남아 있다. 들어보자.

실러는 텔 이야기를 쓰는 걸 자신의 과제로 삼았다오. 맨 먼저 그는 찾아낼 수 있는 한 많은 특수한 스위스 지도를 찾아내 벽마다 도배를 했지. 그런 다음 스위스 여행기들을 읽으며 궐기 현장의 온갖 도로와 오솔길을 극히 정확하게 익혔어요. 동시에 스위스 역사를 공부하며 각종 자료를 모은 다음 자리를 잡고 앉아 일을 시작하더니—여기서 괴테는 몸을 벌떡 일으키면서 주먹으로 탁자를 쾅 내리쳤다 — 문자 그대로《텔》을 완성할 때까지 자리에서 일어나지도 않았다오.

-1820년, 괴테가 카를 프리드리히 안톤 폰 콘타에게 말한 내용

괴테는 스위스를 세 번 여행했고, 1797년에 실러에게 보낸 편지에서 자기가 저 "작은 칸톤들"을 다시 방문하고, 네 숲고을 호수와 빌헬름 텔 이야기에 마음이 끌린다는 말을 전했다. 그는 이 소재로 서사시를 쓰려는 생각도 했었다.

하지만 그보다 8년 전인 1789년에 이미 뒷날 실러의 아내가 되는 샤를로테 폰 렝게펠트(Charlotte von Lengefeld, 1766~1826)가 실러에게 역사가 요한네스 뮐러의《스위스 연맹사》를 읽고 있다는 말을 편지에 써 보냈다. 따라서 아마도 실러가 괴테보다 먼저 이 소재를 알았을 것이다. 어쨌든 실러는 1804년에 이 작품을 완성해 3월 17일 바이마르 궁정 극장 무대에서 초연했다.

고난과 환희로 가득한 삶, 간추린 생애

실러는 뷔르템베르크(Württemberg) 공작 국가(공국)에서 라틴어 학교에 다니고 있었다. 이 시기에 나름 교육열에 넘치던 공작이 자신의 이름을 딴 '카를 오이겐 학교(일종의 군사 아카데미)'를 세우고 똘똘한 학생들을 강제로 기숙학교로 데려갔다. 아직 청소년이던(14세) 실러도 거기 섞여 끌려가면서 일찌감치 삶이 꼬여버렸다.

부모는 물론 그에 반대했지만 폭군 공작의 강요로 군의관이던 아버지는 '부모 포기 각서'를 써야 했고, 학비를 면제받기는 했다지만, 젊은이는 오랫동안 부모를 거의 만나지도 못한 채 공작 부부를 아버지, 어머니라 부르며 10대 후반을 보내야 했으니 강제된 고아 신세였다.

군사학교

이 학교에서 그는 처음에 법학으로 공부를 시작했다가 뒤에 의학으로 전공을 바꾸었고, 의학 논문으로 학위를 받아 군의관으로 복무한다. 엄격한 공작은 그에게 박봉의 군대 의사 노릇 말고는 다른 어떤 밥벌이 활동도 허락해주지 않고,

물론 작가로서의 활동도 금지하면서 그의 신분을 '군인'으로 한정해버렸다. 어린 시절부터의 감금 생활로 인해 세상 누구보다도 자유를 갈망하는 젊은 작가에게는 극도로 끔찍한 상황이었고, 폭군의 이런 강제가 그의 생애에 기나긴 불운을 확정했다.

일찍부터 남다른 글재주를 가졌던 실러는 학교의 행사를 위해 중요한 글을 거의 모두 써야만 했다. 그의 재능을 알아본 뛰어난 교수의 은밀한 지도로 남몰래 셰익스피어 등 학교에서 금지하는 중요한 독서와 작가로서의 습작 과정을 거쳤다. 학생 시절에 쓰기 시작한 희곡 《도둑 떼》를 완성해 1781년(22세) 익명으로 세상에 내놓았다. 이듬해 1월, 그의 이 첫 작품은 당시 다른 나라에 속한 만하임에서 공연되어 큰 성공을 거두었다.

뷔르템베르크 공국의 군의관 실러는 공작의 허락을 받지 않고—아마도 거부될 게 뻔했으니—가까운 친구와 함께 몰래 만하임으로 가서 자기 작품의 첫 공연을 보았다. 연극을 보던 여자들이 기절하고 관객들이 열렬한 박수갈채를 보내는 것을 보며, 젊은 작가의 가슴이 얼마나 벅차올랐을까! 이 작품은 뷔르템베르크 공국처럼 당시 폭력 정치가 널리 퍼져 있던 수많은 도이치 나라, 특히 남부 지역에서 자유를 갈망하는 젊은이들 사이에서 엄청난 인기를 얻었다.

하지만 그가 넉 달 뒤에 한 번 더 허락 없이 만하임으로 가서 공연을 보고 돌아오자, 카를 오이겐 공작은 이 작가를(그의 눈엔 규칙을 안 지킨 젊은 군의관을) 14일 동안 슈투트가르트 경비 본대에 감금하고, 그런 다음에도 외국과의 접촉을 금지했다.

도망병

여기 더해 《도둑 떼》의 등장인물 하나가 스위스 사람을 욕했다는 불만이 접수되자 이를 계기로 공작은 작가에게, 앞으로 의학 관련 이외의 글을 쓰면 감옥에 가둘 것이라며 문필 활동 자체를 금지해버렸다. 작가로서 이는 더 이상 참을 수 없는 일이었다.

1782년 9월(23세) 공작이 사위인 러시아 황태자 내외를 맞이해 대규모 연회를 베푼 틈을 이용해 실러는 다시 친한 친구와 함께 슈투트가르트에서 항구적으로 도망쳤다. 그는 이제 도망병 신세가 되었다. 공작은 이미 유명해진 젊은 작가를 데려다가 고작해야 자기 밑에서 박봉의 군의관으로 쓰려고 갖은 방법을 다 동원했지만, 외국으로 도망쳤으니 잡기가 어려웠다.

도망병 실러는 우선 생계가 막막했다. 그래도 첫 1년은 만하임 궁정 극장의 전속 작가 노릇을 할 수 있었지만, 여러 이유에서 계약 연장이 이루어지지 않았다. 이로부터 1789년(30세)까지 그는 경제적, 신체적으로 온갖 고초를 다 겪는다. 늘 이런저런 도움을 주는 사람들을 만났지만, 그런 도움만으로 충분할 수는 없었다. 그 와중에도 그는 창작을 멈추지 않았다. 그가 목숨을 유지한 것은 아마도 이런 창작열 덕분이었을 것이다.

그의 희곡은 출판되면 곧바로 무대에 올라갔고, 늘 저항과 자유의 맥락에서 인기가 있었다. 1784년에 나온 《간계와 사랑》이 가장 중요한 친구의 한 사람인 크리스티안 쾨르너(Christian Körner, 1756~1831)와의 접촉을 만들어냈다. 쾨르너는 실러가 죽은 다음 그의 작품 전집(1812~1816)을 처음으로 펴낸 사람이다.

신분 차이가 있는 젊은 남녀가 서로 사랑하지만, 귀족 집안 남자의 아버지가 위조 편지까지 동원해 개입하면서 비참한 종말을 맞이하는 〈간계와 사랑〉 공연을 보고, 비슷한 상황에 있던 쾨르너는 깊은 감명을 받았다. 대시민 계층에 속한 그와 그의 친구 루드비히 후버(Ludwig Huber, 1764~1804)는 소시민 계층인 동판 조각가 슈토크(Stock)의 딸들과 혼인

한 동서 사이였는데, 이런 혼인으로 두 사람은 각자 자신의 아버지와 힘든 시간을 보냈기 때문이다.

쾨르너는 실러에게 무한한 존경을 담아 감사하는 편지를 쓰고 자기들 두 커플, 네 사람의 초상화를 첨부해 익명으로 보냈다. 실러가 나중에야 이 편지에 답장을 보내면서 편지 왕래가 시작되었다.

실러가 만하임 궁정 극장의 전속 작가 일을 그만두고 재정적으로 힘들 때, 쾨르너는 그를 여러모로 도왔다. 세 살 연상인 친구 쾨르너를 만나려고 실러는 1785년에 라이프치히로 왔다. 그를 만나고 얼마 뒤에 우정과 사랑, 나아가 인류애를 찬미하는 저 유명한 〈환희의 송가〉가 나왔다. 고난투성이 그의 짧은 삶에서 기쁨과 크나큰 환희 또한 부족하지 않았다는 것은 적지 않은 위로가 되는 일이다. 20대 시절 돈도 없이 오랜 떠돌이 생활을 하며 제대로 몸을 보살피지 못해 자주 질병에 시달리다가, 마흔다섯 살이라는 젊은 나이에 일찍 세상을 떠났으니 그렇다.

1787년에는 《돈 카를로스》가 인쇄되고(6월), 초연도 이루어졌다. 실러는 라이프치히에서 멀지 않은 바이마르로 가서 헤르더와 빌란트 등 당대의 유명한 작가들을 만났다. 괴테는 아직 이탈리아에 있을 때였다(2년 동안). 이어서 거기서 멀지 않은 루돌슈타트에 머무는 동안 실러는 뒷날 아내가 되는 샤를로테 렝게펠트를 만났으니, 가난한 그의 삶에서 사랑도 부족하지 않았다. 그리고 1788년 7월에 그는 다시 루돌슈타트를 방문했다가, 이탈리아 여행에서 돌아온 괴테를 이곳 렝게펠트 가족의 정원에서 만났다.

실러는 아직 학생이던 1779년(20세)에 이미 슈투트가르트 행사에서 귀빈으로 참석한 괴테(열 살 연상)를 만난 적이 있었다. 당연히 학생인 실러 쪽의 관심이 훨씬 컸다. 당시 괴테는 이미 《젊은 베르테르의 슬픔》의 작가로서 전 유럽에서 명성을 얻었고, 바이마르 공국에서 공작의 고문관으로서 중요한 역할을 하고 있었으니 당연한 일이었다. 1788년에도 실러는 더욱 열성적인 관심을 보였다.

예나 대학교 교수

이듬해(30세) 실러는 처음엔 무보수로 예나 대학교의 비전임 교수직을 받아들였다. 1790년 2월에야 마침내 바이마르 공국에서 연봉 200탈러를 받는 조건으로 예나 대학교의 교수가 되었다.* 글을 써서 얻는 수입을 덧붙이면 기나긴 재정적 방황을 일단 끝낼 수 있었다. 대학과의 계약서에 서명하자마자 1789년 12월에 그는 샤를로테에게 구혼하는 편지를 그녀의 어머니에게 보냈고, 며칠 뒤에는 혼인을 수락한다는 답장을 받았다. 이듬해 2월 예나에서 두 사람의 결혼식이 이루어졌다. 그의 명성도 더욱 높아지면서 차츰 행운이 찾아오는 듯했다.

질병과 외국(덴마크)에서의 경제적 도움

하지만 결혼한 그해 말에 실러의 건강이 심각하게 나빠졌다. 이듬해(1791) 1월에는 목숨이 위태로운 지경이 되었다. 자주 기력이 없어지고 경련성 기침과 함께 쓰러지곤 했다. 폐결핵을 앓았던 것으로 보이는데, 죽을 때까지 낫지 못했다.

그사이 몇 번이나 실러가 죽었다는 소문이 돌았다. 실러의 작품을 읽고 찬미하는 모임을 만든 덴마크의 시인 옌스 에마누엘 바게센(Jens Emanuel Baggesen, 1764~1826)은 죽은 실러를 추모하는 모임까지 열었다가, 나중에 실러가 아직 살아 있다는 소식을 들었다. 그는 재빨리 실러의 작품을 좋아하는 두 명의 덴마크 귀족에게 간청해 연간 1000탈러씩

- 처음에는 200탈러, 이어서 400탈러로 올랐지만, 유명한 작가로서의 명성에 비하면 여전히 매우 적은 액수였다. 당시 바이마르의 웬만한 배우도 그보다 연봉이 많았고, 괜찮은 배우들은 1500탈러까지 받았다. 괴테 장관의 연봉은 3000탈러. 교수가 된 뒤에도 실러가 그토록 돈고생한 데는 물론 이런 박봉도 이유가 된다. Vgl. Johannes Lehmann, *Unser armer Schiller*, S. 15ff.

3년 동안 아무 조건도 없는 연금을 보내기로 했다. 이는 실러가 바이마르 공국에서 받는 교수 연봉보다 몇 배 많은 금액이며, 이제야 비로소 그는 온갖 종류의 밥벌이 활동에서 완전히 벗어나 안정을 취할 수 있었다. 얼마나 절실한 후원이었던가!

실러는 물론 놀지 않았다. 그는 마치 자신이 오래 살지 못할 것을 알기라도 했던 듯 부지런히 작업했다. 밥벌이 활동을 내려놓고 마음 놓고 앓아도 되는 이 기간에, 그는 오래전부터 마음에 담아두고 있던 칸트 연구에 몰두해서 몇 가지 중요한 미학 논문을 썼다. 그중 가장 대표적인 저술이 자신에게 조건 없는 후원을 보내준 아우구스텐 공작에게 보내는 편지 형식으로 쓰인《미학 편지》다.

휴식을 통해 병에서 어느 정도 회복되며 다시 창작열이 활활 타올랐다. 괴테와의 협조와 경쟁으로 '발라드의 해'라 불리는 1797년에는 두 시인이 쓴 발라드(이야기시)들이 경쟁적으로 나왔다. 또한 실러 후기의 희곡들도 시간을 두고 속속 발표되었다.

바이마르로 이사, 귀족 아닌 프랑스 공화국 '시민' 실러

늘 그러듯 그의 희곡은 발표되면 곧바로 무대에 올려졌다.

실러는 괴테가 이끌던 바이마르 궁정 극장 무대에 올리기 위해 스스로 작품을 썼을 뿐만 아니라 다른 나라의 작품을 번역하고 무대를 위한 개작도 많이 했다. 실러의 희곡은 언제나 인기가 있었다.

극장 일을 위해 그는 1799년 가족과 함께 예나를 떠나 바이마르로 이사했고, 1802년에는 오늘날 실러 하우스로 불리는 집을 사서 입주했다.* 1802년 공작은 그에게 귀족 신분을 부여했다. 물론 돈 한 푼 안 드는 일이었다. 덕분에 오늘날 우리는 그를 프리드리히 '폰' 실러라고 불러도 된다.

하지만 그보다 훨씬 더 중요한 일이 있다. 이보다 10년 전 (1792)에 실러는 다른 몇몇 도이치 지식인과 더불어 프랑스 혁명정부로부터 '프랑스 시민(citoyen)'의 자격을 부여받았다. 이는 계몽된 시민이며 공화주의자라는 뜻이다. 첫 작품 《도둑 떼》를 폭군에 맞선 해방전쟁의 작품으로 이해한 덕이었다. 실러의 작품과 사상을 전체적으로 바라본다면, 그에게 귀족 이름을 붙여주는 것보다는, 그가 프랑스 혁명정부

---

* 별것 아닌 이 집을 가난한 실러는 오로지 자기 힘으로, 즉 출판사에서 인세를 당겨 받고 또 다른 빚까지 내서 샀기에 3년 뒤 죽을 때는 가족에게 빚더미를 남겼다. 바이마르 공작은 괴테 장관에게는 공원의 작은 집과 이어서 오늘날 '괴테 하우스'로 남은 프라우엔플란의 큰 집을 선물해주었다.

에서 '시민'으로 인정받았다는 사실을 이해하는 일이 더 중요할 것 같다.

그가 귀족에 어울리는 삶을 산 사람도 아니고, 살아서나 심지어 죽어서 그런 대우를 받지도 못했기 때문이다. 몹시 고단한 삶에서 그는 오로지 글만으로 큰 인기를 얻으며 국제적인 인정을 받았고, 사후의 명성이 오히려 더욱 높아졌다. 그의 모토는 언제나 '자유'였고, 근본적으로는 계몽된 시민으로서의 자유라는 뜻이었으니, 귀족 이름은 그에게 어울리지도 않는다. 그냥 '프리드리히 실러'라는 이름이 그에게는 얼마나 좋은가

1789년(30세)에 그가 예나 대학교에서—실은 아직 비전임 무보수였지만—강의를 시작한다는 소문이 퍼지자 도시 전체가 열광의 소동으로 들썩였다. 5월 6일에 그는 '세계사란 무엇이고, 어떤 목적을 위해 연구하는가?'라는 제목으로 취임 강연을 했는데, 인기 높은 《도둑 떼》의 작가를 보려고 열광한 학생들이 수없이 몰려들면서 원래의 장소가 너무 비좁아 가장 큰 강당으로 옮겨야 했다.

괴테보다 더 큰 명성

실러는 살아 있을 때 10년 연상의 괴테보다 훨씬 더 큰 성공

바이마르 국립극장 앞에 세워진 괴테와 실러의 동상.

을 거두었다.* 그리고 훨씬 유명했다. 죽은 뒤로도 오랫동안 바이마르의 두 고전 작가 중 그가 더 위대한 인물로 여겨졌다. 어찌 보면 당연한 일이었다.

괴테는 일찌감치 소설 《젊은 베르테르의 슬픔》으로 명성을 얻은 뒤 오랜 세월 바이마르 공국의 고급 관리로서 온갖 장관직을 두루 거쳤다. 실러가 죽을 때도 괴테는 바이마르 공국에서 문화 및 교육을 담당한 장관이었다. 부유한 집안 출신이기도 했던 괴테는 마음속의 고뇌야 있었겠으나, 적어도 경제적으로는 편안한 삶을 살았다.

실러는 슈투트가르트에서 도망친 뒤로는 오로지 외길, 글만 써서 굶어 죽지 않고 겨우 살아남았다. 고단한 삶에서 그가 얻은 명성은 모두 글로 얻은 것이다. 그는 병들어 죽어가면서도 펜을 내려놓지 않았다. 두 사람이 비슷한 정도의 문학적 재능을 지녔다면, 고위 공무원 괴테보다는 전업 작가 실러가 작품을 통해 더 큰 명성을 얻었다는 건 당연한 일이 아닌가? 괴테의 덕목은 오래 살았다는 점이다. 열 살 연상이

* 단순 수치만으로 입증할 수 있다. 1787~1790년 사이에 괴셴(Göschen) 출판사에서 여덟 권짜리 괴테 전집이 나왔는데, 주문은 총 600부에 그쳤고, 출판사는 1700탈러의 손실을 보았다. 각 권 단위로는 더욱 보잘것없는 숫자가 판매되었다. 그에 반해 몇 년 뒤 실러의 《발렌슈타인》이 나왔을 때는 두 달 만에 4000부가 매진되었다. 다른 두 도시에서 곧바로 해적판이 나왔는데도 그랬다.

던 그는 실러가 죽고도 27년을 더 살면서, 마지막까지 《파우스트》를 완성한 뒤 여든두 살에 죽었다(1832). 그 또한 위대한 일이기는 하다.

《파우스트》에 얽힌 온갖 전설 덕분에 오늘날 독일 바깥에서는 괴테의 이름이 더 많이 알려졌다. 실러가 희곡작가고, 그의 작품을 외국의 무대에 올리기 쉽지 않다는 점을 생각하면 이것도 이해가 가는 일이다. 괴테의 멋진 시편들이 세계에서 더욱 널리 보편성을 얻었으니 말이다. 하지만 이제 두 사람에 얽힌 전혀 다른 이야기를 들어보자.

세 번의 장례식과 바이마르의 빈 무덤

실러는 자주 중병으로 시달렸기에, 죽기 몇 달 전에도 신문에 그의 사망 보도가 실렸다. 1805년 2월에 그는 다시 중병을 앓기 시작했다. 5월 1일에 바이마르 궁정 극장으로 가던 괴테가 그를 마지막으로 만났다. 죽기 직전 실러는 프랑스 고전주의 작가 장 라신의 작품《페드르》의 번역을 마쳤다.

첫 번째, 장례식 없이 지하 공동묘지로 직행
(1805년 5월 12일, 자정 직후)

그는 1805년 5월 9일(목요일) 폐결핵에 따른 급성폐렴으로(오늘날의 진단) 숨졌다. 얼굴 스케치와 데스마스크가 완성되고, 두 명의 의사가 시신을 부검했다(오른쪽 폐가 완전히 망가지고 신장은 거의 해체 수준, 심장근육 위축, 비장과 쓸개는 비대해짐).

그런 다음 후세의 누구도 이해할 수 없는 일이 시작되었다. 괴테 장관님보다 훨씬 유명한 작가가 공작님이 거처하는 도시 바이마르에서 죽었는데, 애도는커녕 당시 6000명 인구의 도시 전체가 마치 아무 일도 없다는 듯 조용하기만 했다.

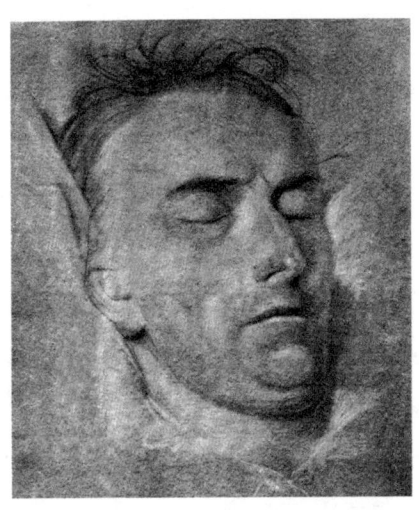

실러가 죽던 날의 모습.

가난한 실러 가족은 가문 묘지를 따로 장만할 수 없었다.

이때 바이마르의 궁정 목사이며 종교국 고문관인 빌헬름 크리스티안 귄터(Wihelm Christian Günther) 목사가 갑자기 등장한다. 그는 바이마르의 묘지를 책임지는 공무원이다. 실러의 아내가 "고통으로 무너진 탓에" 조문객을 받을 수 없다면서 자신이 장례 절차를 모조리 떠맡기로 했단다. 5월 11일 토요일 밤으로 매장일이 정해졌다(삼일장).

당시 시장의 아들로 스물일곱 살인 카를 슈바베(Carl Schwabe)는 출타했다가 토요일 오후에 바이마르로 돌아왔다. 아내에게서 실러의 사망 소식을 듣고 그가 재빨리 개입하면서 그날 밤 진행된 장례 절차에 대한 증언을 남겼다. 원래는 시신 운구를 위해 몇몇 인부가 고용되었는데, 슈바베는 인부들에게 돈을 주어 돌려보내고는, 자발적으로 기꺼이 운구에 나서줄 시민 몇 명을 시간에 쫓기며 미친 듯 급히 구했다.

상복과 흰 장갑 차림의 사내들 스무 명이 밤 12시 30분에 슈바베의 집 앞에 모였다. "자정 지난 시각 극도로 조용하고 진지한 태도로 작은 행렬"을 이룬 그들은 슈바베의 집에서 실러 집으로 향했다. 극히 조용한 상갓집엔 들것 위에 시신이 담긴 관만 놓여 있고, 옆방에서 작은 훌쩍임 소리가 들렸을 뿐이다.

조문객 한 명도 없는 운구 행렬은 한밤중에 도심을 통과해 야코프 교회에 딸린 공동묘지로 갔다. 시신이 든 관을 아래로 내려서 차례차례 쌓아 올리는 구덩이 방식의 지하 공동묘지였다. 묘지 구역으로 들어가는 어두운 아치문이 열리고 무덤지기와 세 명의 조수가 나와서 관을 받았다. 밝은 달빛이 비치는 가운데 그들은 지하로 통하는 수직의 문을 열고는 밧줄로 묶은 관을 내려보냈다. 이렇게 해서 총 64개 관이 묻힌 공동묘지에서 실러의 관은 53번째로 매장되었다. 밧줄이

도로 올라오고, 수직으로 지하와 연결된 문이 닫히고, 이어서 아치문도 닫혔다.

이튿날(일요일) 야코프 교회에서 예배식이 있었다. 종교국 총감독관의 "무정하고 지루한 추도사"가 있었고, 공작 합창대가 모차르트의 〈레퀴엠〉을 노래했다. 이것으로 실러의 장례식은 끝났다. 다만 교회에는 사람이 가득 찼고, 교회 바깥에도 사람들이 몰려들어 있었다. 높은 문화적 소양으로 명성이 자자한 공작이 다스리는 바이마르 공국에서 괴테가 교육 및 문화 장관으로 있을 때 일어난 일이었다.

두 번째 장례식(1826년 9월 17일, 공작 도서관)

무정한 세월 21년이 흘렀다. 1826년에 실러가 묻힌 지하 공동묘지는 64구의 시신이 들어가 가득 채워졌다. 행정 절차에 따라 이곳에 놓인 유해들을 한데 모아 교회 묘지의 가장자리로 이전할 때가 다가오고 있었다. 그 사실을 알게 된 시장 카를 슈바베—옛날에 시신 운구를 주도한 바로 그 젊은 이—는 작은 위원회를 소집해 묘지 전체의 이장이 이루어지기 전에 실러의 유해를 찾아내기로 결의했다. 1826년 3월 13일 오후 4시에 아치문이 열렸다.

무덤지기와 함께 멀끔한 신사들 몇이 사다리를 딛고 지하로 내려가서 횃불을 켜고는 실러의 유해를 찾는 작업을 시작했다. 하지만 그동안 시간이 흐르면서 관들이 망가져 무너지고 시신과 관이 서로 뒤섞인 탓에 찾기가 불가능하다는 사실을 깨달은 신사들은 도로 올라왔다. 며칠 뒤 밝은 대낮에 잘 보존된 관들만이라도 위로 끌어 올려 작업하기로 했다. 하지만 머지않아 묘지와 주변의 평화를 해친다는 주민들의 민원으로 인해 더는 작업이 어려워졌다.

그런데도 포기를 모르는 슈바베 시장은, 관이 아니라 두개골을 찾아야겠다고 마음먹었다. 그는 공식적인 허락 없이 (불법으로) 일을 시작했다. 무덤지기와 일꾼 몇을 개인적으로 고용해 자정부터 새벽 2~3시까지 실러의 유해를 찾아본 것이다. 밤마다 산 사람들이 묘지로 쳐들어가 횃불 아래서 관과 뼈들을 마구잡이로 헤집는 호러 코미디의 상황이 펼쳐졌고, 그렇게 3월 19일부터 사흘 동안 총 스물세 개의 두개골이 찾아졌다.

시장은 이 스물세 개의 두개골을 자기 집으로 옮기게 한 다음 탁자 위에 나란히 늘어놓고는 면밀히 연구했다. 그러고는 스물세 개의 두개골 중 가장 번듯하고 고귀하게 생긴 것을 골라내 "분명 실러의 두개골"일 거라고 정해버렸다. 하지만 이 두개골에는 턱뼈가 없었으니, 슈바베 시장은 한 번 더 무덤으로 내려가 이가 붙어 있는 가장 멀쩡한 턱뼈를 가져다가 둘을 합쳤다. 그야말로 유골 도둑질과 유골 모독이 거듭되었다.

고집 세고 신중한 시장은 이렇게 만들어진 두개골의 진위를 판정하는 일을 전문가 세 명에게 의뢰했다. 바이마르에서 중책을 맡은 의사 세 명이 실러의 데스마스크와 스케치를 앞에 놓고 이 두개골과 면밀히 비교한 다음, 이것이 진짜 실러의 두개골이라고 인정했다. 그걸로도 부족했던 시장은 바이마르에서 실러를 알았던 시민 누구나 이 두개골을 검토하라며 공개했다. 많은 사람이 찾아와 책상에 놓인 두개골 스물세 개를 자세히 검토한 다음 실러의 두개골이 맞다고 인정했다.

이렇게 해서 바이마르시는 사망하고 21년이 지난 다음 드디어 위대한 작가 실러의 두개골을 찾아낸 것이다! 이제 이 두개골을 어떻게 할 것인가? 유족과 시장은 죽은 이를 위한 무덤을 만들고 묘비를 세워서 원하는 사람은 모두 마음대로 참배할 수 있도록 하자는 청원서를 냈다. 하지만 그런 일을 위해서는 공작과 특히 모든 문인 위에 군림하던 '작가 영주(Dichterfürst)' 괴테의 허락이 필요했다.

하지만 공작과 영주님은 특별한 결정을 내렸다. 그 결정

단네커가 만든 실러 흉상.

에 따라 1826년 9월 17일 오전 11시에 공작 도서관(오늘날 안나 아말리아 도서관)에서 유령 축제가 열렸다. 작가 프리드리히 실러의 두개골을 잠글 수 있는 함에 담아 단네커(Dannecker)가 만든 실러의 대리석 흉상 아래 안치하는 행사였다. 이것이 두 번째 장례식이다.

이 행사에 참석한 실러의 아들은 추모사에서 아버지의 유해를 땅의 품에 돌려주는 것이 마땅하다고 불만을 표시했으나 "공작님의 고귀하신 소망"에 따라 무시되었다. 이렇게 안치된 두개골 함의 열쇠는 이 행사에 참석하지도 않은 괴테의 손으로 넘어갔다. 괴테는 실러의 장례식에 한 번도 참석한 적이 없다. 바이마르 공국을 방문한 고귀한 손님이 소망할 경우 실러의 두개골을 손님에게 보여주는 임무가 괴테에게 맡겨졌다.*

가련한 실러는 죽었지만 그의 두개골은 없어진 지 오래고, 그의 것이라 여겨진 두개골조차 온전히 자유를 누릴 수는 없었다. 실러의 무덤은 영원히 괴테 곁을 벗어날 수 없었다. 괴테가 언제나 이 경쟁자를 "친애하는 친구"라고 불렀으니 말이다.**

- 괴테는 심지어 이 유골을 몰래 집으로 가져와 보관했다고 빌헬름 폰 훔볼트에게 털어놓았다.
- "나는 그자[실러]가 미웠다(Jener[Schiller] war mir verhasst)"라는 괴테의 진솔한 고백이 1817년 괴테 전집의 각주에 들어 있다. 실러는 쾨르너에게 보낸 편지에서 괴테를 "비할 바 없는 에고이스트"라고 규정한다. 실제로 두 사람은 "정신적 상극[괴테]"으로서 라이벌이었고, 협조 관계를 유지하며 서로를 자극하는 좋은 적으로 지냈다고 보아야 할 것이다. Vgl. Johannes Lehmann, *Unser armer Schiller*, S. 11ff, S. 316.

세 번째 장례식(1827년 12월 16일, 공작 가문의 지하 묘지)

실러의 두 번째 장례식 이후로, 이미 나이 든 괴테는 기묘한 변덕을 보였다. 그 자신이 나서서 실러의 나머지 유해를 찾기로 한 것이다. 도서관 장례식이 지나고 사흘 만에 예나 대학의 해부학자와 실러의 예전 하인이 바이마르로 호출되었다. 어차피 모든 유골은 비슷해 보이는 법이지만, 실러의 경우 한 가지 이점이 있었다. 바싹 야위긴 했어도, 그는 바이마르에서 가장 키 큰 사람에 속했다.* 그들은 적어도 키 큰 유골을 찾기로 정했다.

1826년 9월 23일에 해부학자와 하인은 다시 저 아치문 뒤에 있는 지하 공동묘지로 내려갔다. 5일이 지나서 그들은 크고 작은 뼈 여든한 개를 찾아내 함에 담아 왔다. 키 큰 사람에게 어울리는 뼈였다. 슈바베 시장에 뒤이어 이들도 지하 묘지의 유골 도둑질에 가담한 것이다. 마치 바이마르가 유골 도둑질에 특화된 도시이기라도 한 것처럼.

그런 다음 괴테는 드디어 실러의 묘비를 만들라고 주문하면서 동시에 자신의 것도 만들게 했다. 그렇게 해서 거대한

---

* 그래서 바이마르에 세워진 괴테와 실러의 조각상은 맞지 않는다. 조각상에서는 같은 키지만, 실러는 괴테보다 머리 하나가 더 컸다.

요한 크리스티안 라인하르트의 캐리커처, 〈대화 중인 괴테와 실러〉(1804).

규모의 야외 쌍둥이 무덤이 기획되었다. 하지만 괴테를 못마땅하게 여기던 공작의 연인이 개입해 괴테의 기획을 무산시켰다. 덕분에 실러의 두개골과 나머지 유해는 여전히 무덤을 찾지 못한 채 도서관에—혹은 괴테 집에—보존되었다.

1827년 8월에 바이에른의 루드비히 1세 왕—바그너를 후원한 저 루드비히 2세의 할아버지—이 괴테의 생신을 축하하러 바이마르에 왔다. 왕은 실러를 좋아해서 그에게 보내는 시를 쓴 적도 있었다. 그는 새로 조성한 공작 가문의 지하 묘지와 유명한 실러의 두개골을 보고자 했다. 하지만 실러의 유해가 마치 진귀한 동전들처럼 함에 담긴 채 도서관에 보관되는 것을 보고 성을 냈다. 그는 아마도 자신의 의견을 강력하게 개진했던 모양이다.

왕이 돌아가고 나자 공작(괴테보다 8년 연하)은 괴테에게 지시문을 써 보냈다. 실러의 유해를 이렇게 도서관 이곳저곳에 보존하는 것이 사람들의 오해를 만들어낼 수 있으니, 유해를 모두 모아 공작의 가문 묘지에 안치하는 것이 좋겠다는 내용이었다. 공작의 지시대로 시행되었다. 11월 중순에 실러의 유해는 모두 모아져 검붉은 관에 안치되었다.

1827년 12월 16일 새벽, 실러의 유해가 담긴 관이 공작 가문의 지하 묘지로 운반되고, 마침내 이 날짜로 실러의 유해는 무덤이라는 걸 얻었다. 뒷날 괴테가 죽은 다음 똑같은 모양의 관이 만들어져서 역시 공작의 가문 지하 묘지 안에 실러의 관과 나란히 안치되었다. 괴테의 기획처럼 장소는 달라도 쌍둥이 무덤이 된 것이다.

바이마르의 빈 무덤

하지만 실러의 유해 소동은 아직 끝나지 않았다. 그 뒤로도 유명한 해부학자들이 등장해 실러의 관에 들어 있는 유해는

바이마르의 괴테와 실러 무덤.

가짜고, 자기가 진짜 유골을 찾아낼 수 있다는 주장을 거듭 내놓았다. 어떤 해부학자가 손수 찾아낸 두개골—아직도 계속되는 뼈 도둑질—이 진짜라고 그럴싸하게 주장하는 바람에, 한동안 그 유골도 나무관에 담겨서 커튼 뒤쪽에 나란히 보존되었다. 어차피 아무도 진짜를 모르니까. 덕분에 공작의 지하 묘지에는 한동안 실러 유골이 둘이나 보존되었다.

독일을 대표하는 작가의 무덤 하나를 만들어주지 않아 벌어진 이런 엉망진창의 난장판 소동을 현대의 DNA 기술이

어느 정도 해결했다. 중부 도이치 방송과 바이마르 고전주의 재단이 힘을 합쳐 '프리드리히 실러 코드'라는 연구 프로젝트를 진행했다. 보존된 유골 중에 진짜가 있느냐, 있다면 어느 쪽이 진짜냐를 가리기 위한 일이었다.

2008년 봄, 현대의 DNA 기술을 동원한 값비싼 프로젝트에서 마침내 공작 묘지에 보존된 유해가 모조리 실러의 것이 아니라는 결과가 나왔다. 실러 누이들의 유해에서 찾아낸 DNA와 공작 무덤에 보존된 두 유골의 치아에서 뽑은 DNA를 비교해서 얻은 결론이었다. 그동안 실러의 관에 보존되어온—괴테가 소중하게 어루만지던—유해는 적어도 세 사람의 것으로 밝혀졌다. 바이마르 고전주의 재단은 서로 독립된 두 연구소에서 나온 이 결론을 수용해 실러의 무덤을 비워두기로 했다. 또한 앞으로는 실러의 유해를 찾으려는 어떤 노력도 하지 않기로 결정했다.

만세! 드디어 실러의 유해는 저 끔찍한 공작 가문의 지하 묘지, 괴테 옆자리에서 완전히 해방된 것이다. 오늘날 바이마르 공작의 지하 묘지를 방문하는 사람은 나란히 놓인 괴테와 실러의 관을 볼 수 있다. 하지만 실러의 관은 속이 비어 있고, 바로 옆에는 관이 비어 있다는 설명문도 함께 전시되어 있다.

루체른 호수의 실러 기념비

오늘날 독일의 어느 도시에서나 힘들이지 않고 실러 조각상을 만날 수 있다. 하지만 스위스 초기 칸톤들이 실러에게 바친, 진심이 담긴 기념비가 가장 멋지다. 무덤도 없는 실러는 가본 적도 없는 루체른 호수 위에서 물결에 흔들리는 위대한 기념비를 얻었다.

루체른에서 배를 타고 플뤼엘렌 쪽으로 한참을 가다보면 오른편 멀리서 물살 위로 솟은 거대한 바위기둥이 보인다. 바위기둥에는 금빛 글자들이 새겨져 있다.

스위스의 초기 칸톤들은 실러 탄생 100주년을 맞이해서 네숲고을 호수에 솟은 천연 바위기둥을 다듬어 프리드리히 실러의 기념비로 헌정했다. 뤼틀리 민회의 장소에서 멀지 않은 곳이니 자리도 잘 맞는다. 이 바위기둥은 브룬넨과 트라이프, 뤼틀리 등에서 보이는데, 배를 타야 접근이 가능하다. 원래 '전설 바위(Mythenstein)'로 불리던 바위를 손질해 1860년 10월 21일에 기념비로 헌정했고, 원래가 자연 바위인 만큼 거의 천연기념물의 특성을 지녔다. 오랫동안 중부 스위스 관광 1번지로 여겨져왔다.

"'텔의 노래꾼 프리드리히 실러 님에게'

초기 칸톤들 드림, 1859년"이라고 쓰여 있다(왼쪽).
1840년 이전의 전설 바위 그림(오른쪽).

제3장

옛날 스위스 용병들의 길

스위스 용병

하지만 오늘날 전 세계에서 온 관광객이 루체른에서 가장 많이 찾는 명소는 '빈사의 사자상'으로 알려진 거대한 암벽 조각상이다.* 이 조각상은 기차 정거장에서 가까운 시내 한복판의 작은 공원에 있고, 입장료가 없어서 누구나 들르기 쉽다. 이 사자상은 용감하고 충성스러운 스위스 용병(전투를 위해 돈 주고 고용한 병사)을 기리는 기념비다.

많은 사람이 알고 있듯, 가난하던 시절 스위스 사람들은 용병으로서 유럽 여러 나라로 진출했다. 스위스 용병은 특히 교황청과 프랑스 왕의 근위대 노릇을 했다. 용감함과 충성심으로 이름 높은 스위스 사람들은 용병으로서 인기가 있었다. 《빌헬름 텔》에도 두려움 모르고 강력한 적에 맞서는 스위스 사람들의 기상이 드러나 있다.

즉 스위스에서 일찌감치 등장한 거의 최초의 수출품이 용병이었다. 귀족 출신 일부 장교들은 일찍부터 기업 방식의 용병 사업으로 부자가 되었다. 가난한 평민의 아들들을 모

---

* 니체가 루에게 청혼했다가 거절당한 곳이기도 하다.

집하고 훈련해서 연대를 조직해 유럽의 여러 왕국에 수출했으니, 일종의 군사 사업을 벌인 것이다. 스위스 연대는 유럽 여러 나라에서 수요가 많았고, 덕분에 몇몇 군사 사업가는 큰돈을 벌고 대를 물려 가업으로 삼기도 했다. 하지만 가난한 집안 출신 보병들은 싸우다 죽어 돌아오지 못하거나 장애를 얻었고, 설사 무사히 돌아온다 해도 자기가 받은 임금을 제대로 활용할 줄 몰라 엉뚱한 데 쓰기 일쑤였다.

어쨌든 스위스는 1500년 무렵부터 300년 이상에 걸쳐 이런 용병 수출을 통해 이중의 경제적 이익을 누렸다. 우선 자기 땅에서 전쟁할 일이 많이 줄었다. 주로 남의 나라에서 남의 돈으로 전쟁을 치르고도 용병을 통해 전쟁의 수익금을 나누어 가질 수 있었다.

하지만 각기 편을 달리한 스위스 병사들이 전쟁터에서 자기들끼리 싸우다 죽는 일이 이따금 생겼다. 특히 스페인 왕위 계승 전쟁 때인 1709년 프랑스 북부 말플라케 전투에서 적으로 싸우던 스위스 용병 8000명이 전사하는 사태가 벌어졌다. 이때부터 서서히 용병 수출에 대한 관점이 바뀌면서 용병의 수가 줄기 시작했고, 스위스가 현대적인 연방 국가로 바뀌고 오래 지나지 않은 1859년에는 외국 군대에 근무하는 일이 법으로 금지되었다. 다만 교황청의 스위스 근위대만은 예외로서 합법적이다. 물론 아직도 프랑스 외인부대에 들어간 사람들이 꽤 있다는데, 조상들과는 달리 이들은 처벌받을 위험이 있다.

스위스 용병은 언제 시작되었나?

빈사의 사자상에서 호숫가 쪽으로 별로 멀지 않은 곳에 종탑 두 개가 뾰쪽하게 하늘로 솟은 궁정 교회(성 레오데가르 궁정 교회)가 보인다. 실은 가톨릭교회, 즉 성당인데, 이 성당의 주변을 천천히 산책하다보면 입구 옆에 정교하게 만들어진 작은 명판 하나가 붙어 있는 게 보인다. 이 내용은 공식적인 역사로서, 스위스 용병의 역사에서 중요한 내용이다. 읽어보자.

1506~2006
교황청 스위스 근위대 500년
1505년에 교황 율리우스 2세가 스위스 연맹에 교황님 자신과 교황궁의 보호를 위해 근위대를 파견해달라고 요청하다.
1505년 말에 150명의 근위대원이 고트하르트 고개를 넘어 로마 방향으로 향하다. 이들은 당시 스위스 연맹의 전 지역에서 온 젊은 남성들로서, 이 중 상당수가 루체른에서 출발해 호수를 건너 플뤼엘렌으로 가다.
1506년 1월 22일에 '근위 머슴들'*은 로마로 입성해 임무를 시작하다. 따라서 이 날짜가 스위스 근위대의 공식 창립일로 여겨

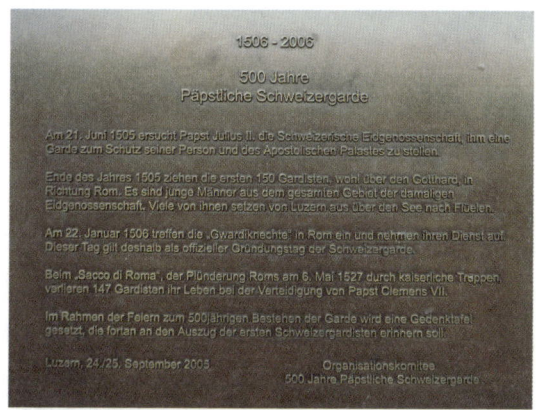

입구의 명판(위).
성 레오데가르 궁정 교회(아래).

지다.

1527년 5월 6일 황제 군대가 자행한 '로마 유린' 시기에 교황 클레멘스 7세를 수호하다가 근위대원 147명이 목숨을 잃다.

근위대 500년 지속을 축하하는 일환으로, 앞으로도 최초의 스위스 근위병들의 출정을 기억하도록 기념 명판을 제작하다.

루체른, 2005년 9월 24/25일
교황청 스위스 근위대 500년 조직위원회

이 명판에서 우리는 16세기 최초의 스위스 근위대가 로마로 간 루트를 알아낼 수 있다. 이것은 옛날에 북부 유럽에서 알프스 남부로 넘어가는 주요 루트의 하나이기도 했다. 즉 많은 이가 루체른에서 배를 타고 플뤼엘렌으로 가 거기서부터 고트하르트 고개로 올라가 알프스를 넘는다. 이 루트는 《빌헬름 텔》에서 텔이 파리치다에게 일러주는 고트하르트 고개 넘어 교황에게 가는 길이기도 하다. 또한 니체가 남유럽으로 갈 때 자주 이용한 길이었다.

스위스 사내들은 그 이전부터도 개인적으로 외국으로 나

- 당시 스위스에서 쓰던 용어이자 사투리.

가 병사로서 돈을 받고 전투를 했지만, 교황청의 근위대 파견은 교황의 요청에 따라 공식적으로 시작된 일이다. 우리는 르네상스 시대 유명한 교황 율리우스 2세의 스위스 근위대를 라파엘로의 그림에서 직접 만나볼 수 있다.

교황청 화가 라파엘로가 그린
교황의 스위스 근위대

르네상스 시대 가장 유명한 교황의 한 명인 율리우스 2세(재위 1503~1513)는 라파엘로와 미켈란젤로를 후원하고 또 협박도 하면서 그들에게 일을 시켰다. 교황이면서도 전쟁에 나가 직접 전투를 지휘하기도 했으니, 상당히 호전적인 면을 지녔다.

특히 교황청의 중요한 방들에 거대한 그림을 남긴 라파엘로는, 교회의 기적 이야기와 성서 이야기를 표현한 큰 그림들 한편에 스위스 근위병이 호위하는 율리우스 2세 교황을 마치 증인처럼 그려 넣었다. 그보다 더 재미있는 것은 근위병 중 한 명에게 자기 얼굴을 주어서 자신도 함께 등장한다는 점이다. 라파엘로는 자신을 교황의 '근위 머슴'이라고 느꼈던 것일까? 아니면 단순히 교황과 나란히 자기 모습도 새겨 넣은 것일까?

라파엘로가 제자들과 함께 그린 다음의 그림(1512~1514)은, 1263년 볼세나에서 미사를 올리는 도중에 일어났다는 기적을 묘사한 것이다. 신부가 축성한 성체(빵)에서 피가 흘러나오며 성체를 감싼 헝겊을 붉게 물들였다고 한다. 사

라파엘로, 〈볼세나의 미사〉.

제는 실체 변화(성찬식의 빵과 포도주가 실제로 예수의 살과 피라는 기독교의 교리)에 대해 의구심을 가졌다가, 이 기적을 통해 의혹을 깨끗이 씻어냈다. 이 그림에는 율리우스 2세가 직접 참석해 신부님 맞은편에 무릎을 꿇고 있다.

그리고 아래쪽 오른편(위 그림의 원 안)에는 교황을 모시

라파엘로, 〈자화상〉.

고 온 스위스 근위대원들이 무릎을 꿇고 있는데, 그중 한 명이 라파엘로의 얼굴을 하고 있다. 라파엘로의 〈자화상〉을 참고로 직접 찾아보자.

루체른의 '빈사의 사자상'

이 유명한 조각상은 전체적으로 스위스 용병을 기리는 것이지만, 구체적으로는 프랑스 왕을 위해 목숨을 바친 스위스 근위대의 충성심과 용감함을 기념하고 있다. 1821년에 헌정되었으니, 만들어진 지 벌써 200년 이상 흘렀다.

여기서 죽어가는 사자는, 프랑스 대혁명 기간인 1792년 8월 10일 혁명 군중 2만 명이 튀일리 궁전을 습격했을 때 프랑스 왕 루이 16세를 보호하려다가 목숨을 잃은 스위스 근위병들을 상징한다. 이때 끌려간 왕과 왕비는 나중에 단두대의 이슬로 사라지고, 프랑스 혁명정부는 극단적인 공포정치로 넘어갔다. 혁명의 중대한 고비에서 국민이 버린 왕을 마지막까지 호위한 병사는 프랑스 병사들이 아니고 스위스 용병이었다.

이 조각상 위쪽에 "스위스 사람들의 신뢰성[충성심]과 용감함(Helvetiorum Fidei ac virtuti)"이라는 라틴어 제목이 새겨져 있다.

부러진 창대를 옆구리에 꽂은 사자가 죽어가고 있다. 사자의 머리와 오른쪽 앞발은 프랑스의 부르봉 왕가를 상징하는 백합꽃 문장(紋章) 위에 놓였고, 그 옆에는 스위스 십자

빈사의 사자상.

가를 새긴 방패가 세워져 있다. 조각상 아래에는 전사한 장교 26명의 이름과 살아남은 장교 16명의 이름도 새겨졌다. 이 전투에서 스위스 근위병 760명이 죽고 350명이 살아남았지만, 일반 병사의 이름은 없다.

이때 목숨을 잃은 스위스 용병이 실제로 몇 명이냐를 두고는 의견 차이가 있다. 사자상 아래에는 700명 이상이 죽었다고 쓰여 있지만, 루체른의 역사가 위르크 슈타델만(Jürg Stadelmann)에 따르면 이는 과장된 숫자라고 한다. 그의 추산으로는 300명에서 350명 정도가 죽었을 거라고 한다.

15세기부터 19세기까지 300년 이상 개인 군사 기업가들을 통해 50만 명 이상의 용병들이 프랑스 왕을 위해 근무했는데, 그중 60퍼센트는 귀국하지 못했다. 그러니까 30만 명 이상이 프랑스에서 용병으로 싸우다가 죽었다는 말이다(역시 과장된 숫자일 가능성이 있다). 거기서 생긴 막대한 이익은 극소수 용병 귀족들이 차지했다. 1521년부터 프랑스와 스위스 일부 지역들 사이에 무기한으로 체결된 용병 계약에 따라 루이 16세를 위해서도 1200명의 스위스 용병이 근위대로 근무했다.

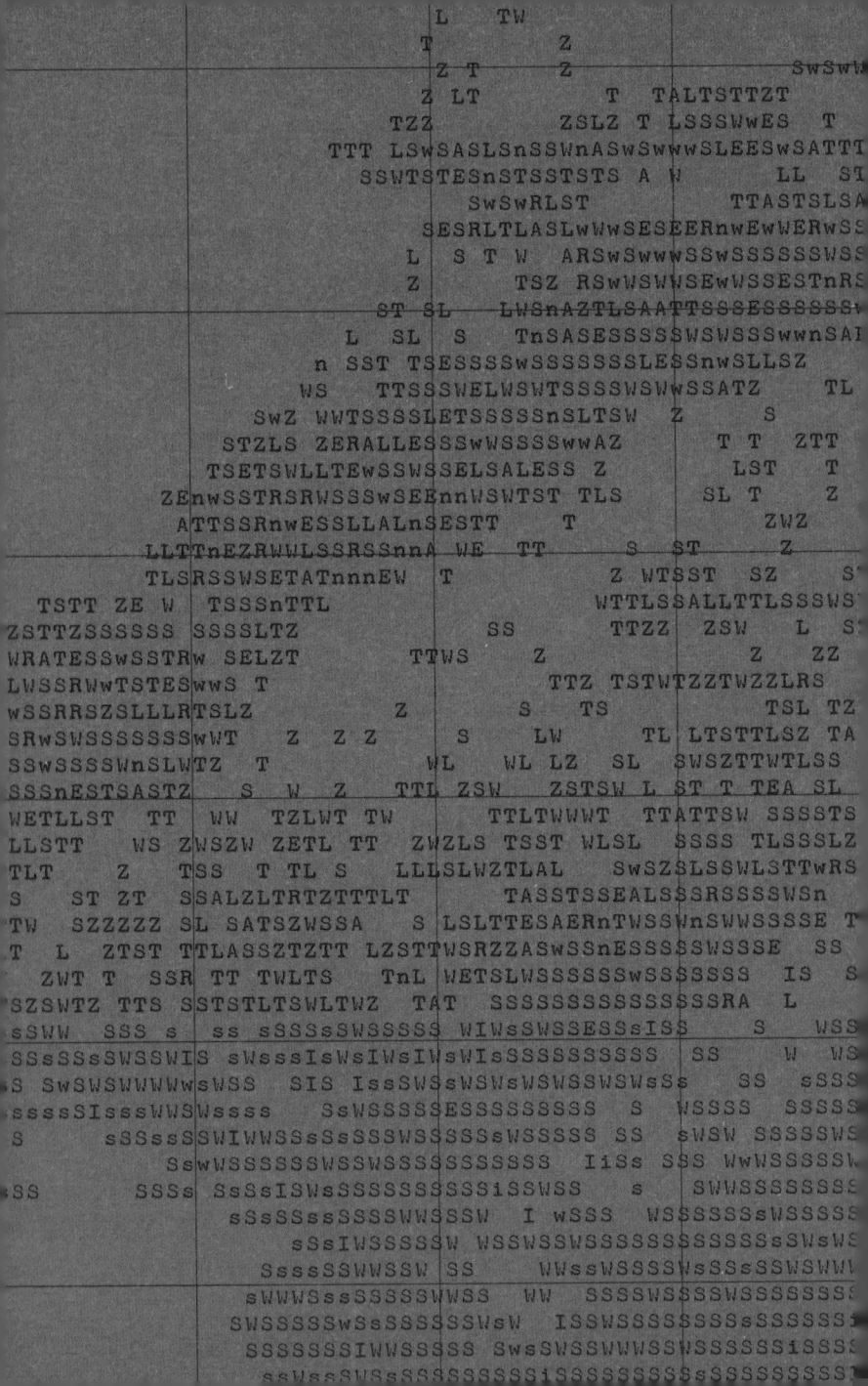

제4부

생의 한가운데서, 좌절을 딛고 일어서는 해세

제1장

두 번의 위기, 두 번의 도주

떠돌이 헤르만 헤세

헤르만 헤세(Hermann Hesse, 1877~1962)는 노벨문학상을 받은 작가 중에서도 전 세계적으로 가장 큰 인기를 얻은 작가의 한 명이다. 우리나라에서도 그의 《데미안》과 《수레바퀴 아래서》, 《싯다르타》 등은 세계 문학작품 중 가장 많이 읽히는 작품들로 꼽힌다. 그런 만큼 많은 이가 그를 상당히 잘 알고 있다. 스위스 남부 이탈리아어 지역 몬타놀라(루가노 근교)의 헤세 박물관에는 전 세계에서 많은 방문객이 오는데, 한국인도 상당수 들른다고 한다.

따스하고 깊은 내면 성찰과 아름다운 자연묘사를 아우르는 헤세의 문장들을 읽고 있으면, 언뜻 그가 평화로운 삶을 살았을 거라는 느낌이 든다. 하지만 그는 누구보다 격렬한 사춘기를 보냈고, 그가 살았던 시대 또한 평화와는 거리가 멀었다. 그는 20세기 두 번의 세계대전을 모두 겪었다. 독일 태생이지만 일찌감치 스위스로 이주해 정착했으니, 제2차 세계대전 동안(62세 이후) 원래의 동향인들보다 훨씬 평화롭게 지내긴 했으나, 그렇다고 완전히 평화로울 수는 없었다.

거기 더해 헤세는 앞서 나온 니체나 바그너에 못지않은

방랑자였다. 조상들부터 이미 그랬다. 군나르 데커(Gunnar Decker)는 헤세의 전기를 펴내며 니체의 말인 '방랑자와 그의 그림자'라는 부제를 붙였다. 스위스에 살았던 이 세 명의 독일 출신 예술가들은 한결같이 이런저런 사정으로 꽤 긴 시간을 떠돌이로 보냈다. 떠돌이조차 되지 못한 실러를 빼고는 그렇다. 바그너는 독일로 돌아갔지만, 니체와 헤세는 스위스를 자신들의 고향으로 여겼다. 물론 니체도 마지막에 독일로 돌아갔지만, 그건 그 자신의 선택이 아니었다.

만 85년에 이르는 헤세의 삶에서 두 번의 결정적인 선택이 있었다. 첫 번째는 10대 시절 격하게 저항하며 아버지의 세계에서 벗어난 일이다. 그것이 그의 삶을 결정해 그는 자기가 바라는 대로 작가가 되었다. 두 번째 선택은 정확히 삶의 한가운데서 극심한 위기에 몰렸을 때 알프스산맥 넘어 스위스 남부로 이주한 일이었다. 이후로 그는 아예 눌러앉아 여기서 죽었으니, 이 또한 그의 이후의 삶을 결정한 일이다. 두 번 모두 도주와 개척의 성격을 갖는다.

격렬한 사춘기,
부모의 세계에서 도주

조상들

헤르만 헤세는 독일 중부의 작은 마을 칼프(Calw)에서 태어났지만, 그의 부모는 국제적으로 활동하는 매우 지적인 사람들이었다. 부모 모두 스위스 바젤에 본부를 둔 개신교 선교회와 깊은 인연이 있었다. 헤세의 아버지는 에스토니아(당시 러시아령) 태생으로, 바젤의 신학 교육을 거쳐 인도에서 선교사로 활동하다가 독일의 칼프로 왔다. 유명한 인도 학자의 딸인 어머니는 인도에서 태어났다. 거기서 결혼해 두 아들을 두었는데, 첫 남편이 죽자 자신의 아버지를 따라 두 아들과 칼프로 돌아왔고, 칼프에서 재혼했다. 어머니가 아버지보다 다섯 살 연상이다.

작가 헤르만 헤세에게서 보이는 스위스와 인도의 이미지는, 양쪽 조상의 삶에 이미 들어 있었다. 헤세가 독일에서 태어날 때는 러시아 국적이었고, 이어서 소년 시절 부모를 따라 살던 스위스 국적을 얻었다가, 나중에 독일 뷔르템베르크의 주(州) 시험(일종의 국가고시)—합격자는 공무원이나 목사 교육과정 전액 장학금—을 보기 위해 스위스 국적을 포기하고 독일 국적을 얻었다(뒷날 도로 스위스 국적을 취득한다). 이런 배경으로 보면 이 작가는 어린 시절부터 세계시민이라는 말이 어울릴 듯싶다.

어머니가 쓴 편지에 따르면 어린 헤르만은 네 살 때 이미 시적 언어와 그림에 재능을 보였지만, 다른 한편 지나치게 강한 고집과 반항심을 보여 어머니를 걱정케 했다. 자부심 강한 이 정신이 만일 잘못 인도된다면 어떤 일이 벌어질지 모르겠다는 말이 나온다. 어쨌든 소년은 학자인 외할아버지의 서재에서 온갖 책을 읽으며 자랐다.

고집 센 아버지와 아들

기독교 신앙으로 세심하게 보호된, 매우 지적인 이런 환경은 한편으로는 소년에게 소중한 자산이었지만, 다른 한편으로는 그의 앞날을 몹시 제한하는 것이었다. 재능 있는 소년에게는 신학을 공부하거나, 아니면 전공이 다르더라도 학자가 되는 길이 활짝 열려 있었다. 헤세의 아버지는 유럽에서 포이어바흐의 종교 비판이 한창 유행이던 시절, 신앙심에서 자신의 아버지(의사)를 능가하겠노라는, 시대의 유행과 동떨어진 선택을 한 사람이다. 이렇게 의지력이 강한 아버지와 역시 고집 센 아들이 충돌한다면, 거기서 강력한 불꽃이 일어나지 않을 수 없을 것이다.

헤세의 양친은 독실한 기독교도 중에서도 특히 슈바벤 지역의 경건주의(Pietismus) 신앙을 지닌 사람들이었다. 극히 엄격하고 진지하며 정직한 신앙심을 가진 사람들로서 매우 겸손하고 선량하지만, 신앙의 문제에서는 타협이나 양보를 모르는, 앞뒤가 꽉 막힌 측면을 지녔다. 이런 부모의 집에서 헤세는 건강한 아이로 성장했다. 칼프 출판협회장이던 외할아버지와 그 밑에서 일하는—나중에 회장직을 물려받는—아버지, 그리고 어머니까지 집안사람 모두가 열렬히 편지와 일기 등 글을 썼기에 중요한 가족사가 상세한 기록으로 남아 있다. 특히 어머니의 일기가 중요하며, 자녀들과 주고받은 편지도 거의 보존되었다.

소년은 부모가 바라던 대로 뷔르템베르크 주도(도청 소재지)인 슈투트가르트에서 국가시험에 합격하고,* 1891년 9월(14세) 마울브론 수도원에 있던 개신교 기숙 신학교에서 공부를 시작했다. 진로가 일단 신학으로 정해진 것이다. 이 기숙학교의 전반적인 분위기는 소설《나르치스와 골드문

---

* 이 시험을 위한 소년의 노력과 당시 사회의 분위기 등은《수레바퀴 아래서》에 상세히 서술된다.

트》(이하 《나르치스》)의 앞부분 — 작품에서는 가톨릭 기숙학교 — 에 꽤 자세히 묘사되어 있다.

하지만 곧바로 문제가 시작되었다. 헤세가 사춘기에 접어든 데다가 진로 문제까지 한꺼번에 터져 나왔다. 아직 어린 나이였지만, 헤세는 당시 이미 "시인[작가] 말고는 다른 무엇도 되고 싶지 않다"라는 분명한 목표 의식을 지녔다. 하지만 동시에 "이것이 인정받는 직업도 아니고 밥벌이도 하지 못한다는 것"도 잘 알고 있었다.• 그러니까 공부를 마치고 올바른 직업을 가진 채 겸업(부캐)으로는 가능하지만, 본업으로 삼을 수는 없는 것이었고, 철저한 시민 계층의 의식을 지닌 부모의 동의를 얻을 수 없는 몹시 불안정한 직업이었다.

이는 매우 불길한 신호였다. 어머니가 첫 결혼에서 얻은 두 아들, 테오도어와 카를 이젠베르크는 모두 성가대에서 노래하는 정도를 넘어 오페라 가수가 되고 싶어 했다. 큰형이 이미 성공 단계에 이르렀을 때, 그 또한 인정받는 밥벌이 직업이 아니라는 이유로 온 가족이 나서서 좌절시킨 바가 있었기 때문이다. 의사 할아버지와 학자 외할아버지, 그리고

• Gunnar Decker, *Hermann Hesse*, S. 67. 헤세의 청소년 시절 교양 시민 계층의 생각이기도 하다.

(의붓)아버지와 어머니까지 온 가족이 나서서 경건주의 신앙을 무기로 삼아—하느님의 뜻을 내세웠지만, 실은 부모가 바라는 시민적 직업이 아니었기에—끝내 그들의 예술가 소망을 좌절시켜서 테오도어는 약사, 카를 역시 예술가 아닌 직업을 갖게 했다.

학교에서 도망쳐 짧은 방랑

헤세가 공부를 시작한 이듬해인 1892년 3월 7일 새벽 5시, 기숙학교에서 날아온 전보가 헤세의 부모를 깨웠다. 지난밤 2시 이후로 학생이 사라졌음을 알리는 내용이었다. 소년은 집으로도 오지 않았고, 부모는 애태우며 기다렸다. 하루가 더 지나고 다음 날 정오 무렵에야 헤르만이 무사히 학교로 돌아왔다는 또 다른 전보가 왔다.

상세한 내용을 알리는 교사의 편지에는, 소년이 크리스마스 이전부터 이미 극도의 흥분 상태에서 시를 쓰곤 했다는 친구들의 증언도 들어 있었다. 헤세가 부모에게 보낸 편지에는, 스물세 시간 동안 뷔르템베르크, 바덴, 헤센 일대를 걸어서 돌아다녔다고 한다. 영하 7도까지 내려간 밤도 들판에서 보냈다는 것이다.* 그것 말고는 아무 일도 없었단다.

하지만 이런 무단이탈은 당시 학교의 기율과 질서를 위험에 빠뜨린 행동이니, 쉽게 용서될 수 없었다. 아버지는 하느님의 뜻에 맞도록 올바르게 행동하라는 충고를— 잔소리를— 잔뜩 담은 긴 편지를 보냈다. 학교에서는 교사 회의가 열려서 학생을 여덟 시간 동안 감금형에 처했다. 헤세는 부모의 사랑을 확인받고 싶었지만, 돌아오는 답은 언제나 설교였다. 네가 하느님 뜻에 맞게 행동한다면, 부모의 사랑은 보장되어 있다는 거다.

이런 상황이 견디기 힘들었던지, 며칠 지나지 않아 헤세는 다시 한 친구에게 격분한 모습을 보였다. 그를 저녁때 죽일 거라고 위협하더니, 실제로 침실에서 (무기 없이) 그 아이에게 덤벼들어 바닥에 쓰러뜨렸다.** 나중에 침대에서 서로 이야기를 주고받았는데, 소년 헤세는 너무 우울해지지 않으려고 그런 장난을 쳤다면서, 두통이 심해 누군가를 죽여야만 나을 것 같다고 말했단다.

물론 이 사건은 교사에게 보고되었고, 교사는 부모에게 연락했다. 학교에 찾아온 부모에게 학교 의사는 정신과 의사나 정신병원으로 보내야 한다는 진단을 내놨고, 어머니는

- 이런 경험은 《나르치스》에서 골드문트의 떠돌이 생활에 반영되어 있다.
- * 이 또한 《나르치스》에 약간 형태가 바뀌어 등장한다.

아이를 일단 학교에서 데리고 나왔다.

자살 위협과 정신병원, 또 정신병원

어머니는 아들을 정신병원이 아니라 블룸하르트 목사가 운영하는, 일종의 문제아 치료 학교로 보내기로 했다(5월). 헤세는 공부는 덜하고 운동과 산책을 많이 하는 이곳을 처음에는 좋아했다. 그리고 주로 베토벤 등의 음악을 들으며 시간을 보냈다.

하지만 머지않아 6월 20일에 교장 선생인 블룸하르트의 편지가 다시 부모에게 날아들었다. 헤세가 자살 위협을 남기고 사라졌는데, 남몰래 빌린 돈으로 권총까지 사서 들고 나갔다가 일단은 다시 돌아왔단다. 너무 놀라운 사건이라 학부모 상담이 필요하다는 내용이었다. 놀란 어머니가 즉시 자신의 동생과 어른이 된 아들 한 명을 불러서 함께 학교로 갔다. 당연한 일이지만, 교장인 목사는 자살 위험성이 있는 학생을 문제아 치료 학교에 두고 싶어 하지 않았다. 무슨 일이 벌어졌다가는 학교의 평판이 엉망이 될 판이었기 때문이다.

오래 상의한 끝에 어른들은 무슨 일을 벌일지 모르는 이 학생을 슈테텐 정신병원으로 보내기로 했다. 혹시 거절당할까봐 두려운 나머지 어머니는 병원장인 샬 목사와 미리 상의

도 하지 않은 채 곧바로 소년을 데려갔다. 헤세는 그 후로도 한참 더 목사들의 세계를 도무지 벗어날 수 없었다. 가는 곳 어디에나 있는 목사, 슈테텐 정신병원의 샬 목사는 앞의 블룸하르트 목사가 이미 그랬듯 소년의 행동이 불안정하기는 해도 정신은 말짱하다는 사실을 금방 알아차렸다. 지적으로도 대단히 뛰어난 아이였다.

그렇다면 청소년 헤세는 어째서 권총까지 들고 자살 소동을 벌인 끝에 정신병원에마저 가게 된 걸까? 열다섯 살로 지독한 사춘기에 있던 소년 헤세는 불가능한 첫사랑 병을 앓는 중이었다. 스물두 살 아가씨와 몇 번 즐거운 대화를 나눈 끝에 그녀를 사랑한다고 굳게 믿고, 서툴고 어리석게도 온갖 멍청한 일을 거듭 벌인 것이다.

더 중요한 것은 19세기가 아직은 방황하는 사춘기 소년의 심리를 다룰 줄 몰랐다는 점이다. 심리적·생리적으로 중요한 여러 내용이 아직 알려지지 않았고, 특히 성적(性的)인 일은 모두 하느님의 축복을 받고야 허용되었다. 그렇다 해도 정신병원은 극단적인 경우였지만, 헤세도 부모도 모두 뒤로 물러나려고 하지 않았다. 사랑을 포기한 다음에도 — 아가씨의 현명한 처신으로 — 헤세는 부모의 기독교 세계관에 맞서 사납게 저항했고, 부모는 단호히 소년을 길들이려고만 했다.

이런 방황 중에도 그들은 부지런히 편지를 주고받았다.

헤세의 반항은 부모에게 많은 돈이 들었다. 마울브론 신학교는 학비와 기숙사비 등이 전액 면제였지만, 나머지 학교나 시설은 학비와 생활비를 모조리 부모가 부담해야만 했다. 게다가 여러 번의 전보와 사냥꾼을 동원한 수색 비용, 여행 비용, 소년의 이동 비용 등 자녀가 많아 힘든 부모에게 이 소년은 심각한 재정적 부담을 안겼다.

정신병원의 원장 목사는 적응 기간의 헤세를 관찰하고는 "이마에 계속 신경성 경련"이 있는 것 말고는 아무 이상이 없다고 보고했다. 우울증 정도인데, 누구나 알듯 정신병원에 오래 머물다가는 정말 정신병자로 낙인찍혀 사회에서 잊힌 채 격리될 위험이 있었다. 6주 동안 정신병원에서 생활한 헤세는 8월에 부모에게 집으로 가겠다고 애걸했지만, 부모는 그를 선량한 경건주의자로 만들기 위해 규범을 지키라며 계속 압박했다. 그래도 2주 뒤에는(대략 두 달 동안 정신병원에 있었다) 일단 집으로 돌아왔다.

부모는 말을 안 들으면 도로 정신병원에 집어넣겠다고 위협해서 그를 약간 진정시킬 수 있었지만, 손님이 끊임없이 드나드는 집에 아이를 계속 데리고 있는 것은 불가능했다. 소년이 집에 있을 때면 부모와의 갈등은 폭발 직전까지 이르곤 했다. 정신병원 경력을 지닌 소년을 받아들이려는 김나지움도 없었다. 아이는 툭하면 흥분하고 욕하면서 부모에게 계속 덤벼들었다. 대체 애를 어디로 보내야 하나? 마땅히 갈 곳이 없는 소년은 8월 말에 다시 슈테텐 정신병원으로 보내졌다.

'지옥'으로 여겨진 정신병원에 두 번째로 들어오고 보니, 어린 헤세도 진지하게 장래를 고민하지 않을 수 없었다. 도대체 앞으로 어떻게 될까? 머지않아 그는 시민 세계에서 쫓겨날 것이고, 다시는 돌아갈 수 없을지도 모를 일이었다. 소년은 차츰 자신의 무력함을 느끼면서, 위험한 주변 세계를 향해 공개적으로 저항해서는 안 된다는 사실을 배우기 시작했다. 아웃사이더로 남을 사람들이 금방 깨닫는 것, 곧 자기 자신으로 살기 위해서는 세상을 향해 어느 정도 자신을 감추어야 한다는 사실을 터득한 것이다.

다시 학교로, 그리고 직업 세계로

9월의 편지에서는 점차 말투가 달라진다. 그는 집으로는 가지 않을 것이고, 바젤의 피스터러 목사를 방문하게 해달라고 여러 번이나 간청했다. 마침내 바젤 선교회 소속 남자 기숙학교 교사인 피스터러 목사가 소년을 초청해주었고, 그는 소년이 아주 정상임을 알아보았다. 또한 소년을 좋아했다. 이 목사의 도움으로 헤세는 1892년 11월에 마침내 슈투트가르트의 칸슈타트 김나지움으로 갔다. 김나지움에서 1년의 공부를 마치고 자원자가 치르는 '김나지움 1년 시험'에 합격하면, 군 복무 기간이 3년이 아니라 1년으로 줄어들기 때문에 김나지움으로 돌아가는 일이 꼭 필요했다.•

물론 칸슈타트 김나지움을 위해 부모는 학비와 생활비를 부담해야 했다. 다만 여전히 정신병원으로 돌려보낸다는 위협을 할 수는 있었다. 하지만 처음에 잠깐 얌전하던 소년이 다시 이 세계의 질서를 받아들일 수 없다고 느끼면서, 부모를 열받게 하는 법이야 이미 터득한 참이니, 부모의 화를 돋우곤 했다. 학교 공부는 뒷전이고 술집에 앉아 술을 마시며 온갖 거칠고 신앙심 없는 소리를 지껄여대던•• 말썽쟁이 소년은 비싼 책을 고서점에 팔아 다시 권총을 샀다. 어머니가 쫓아오고, 학교 의사와 상담을 해야만 했다.

다만 이 학교의 의사는 다행히도 실력이 모자란 덕에(실은 어쩌면 유능했던가?) 소년이 심장 결함 때문에 이런 일

• 심한 근시로 인해 결국 군 복무는 면제됐다.
•• 이런 행동은 《데미안》에 반영되어 있다.

을 벌인다고 진단하면서 아이로서도 어쩔 수 없다고 말했다. 작가 지망생 소년은 그 말에 어울리도록 나름의 연기를 했다. 덕분에 정신병원으로 보내지지 않고 학교에 남았고, 1893년 여름 김나지움 1년 시험에 합격했다. 그렇지만 교사나 목사가 될 마음이 조금도 없는 소년은 공부에 열의가 없었다. 모두가 '실용적 직업'을 알아보는 게 나으려나? 하는 생각을 했다.

아버지는 아들을 위해 슈투트가르트에서 멀지 않은 곳, 에슬링겐 서점에서 도제(직업 교육생) 교육을 받기로 계약하고 서명했다. 하지만 헤세는 사흘 뒤에 이 서점에서 도망쳤다. 그러고는 이듬해(1894) 5월까지 부모 집에서 아버지 일을 도우며 빈둥거렸다. 특히 지독하던 사춘기의 반항이 차츰 끝나갈 무렵, 그는 시계탑 위에 올려놓는 시계를 만드는 기계공 작업에 관심이 생겨서 기계공 도제로 들어갔다(14개월간). 납땜과 줄질을 연습하는 단조로운 작업 과정에서 그는 천천히 문학으로 관심을 돌렸다.

그리고 1895년 10월(18세) 그는 튀빙겐의 헤켄하우어 서점에 들어가 3년의 도제 기간을 무사히 마쳤다(21세). 그동안 글도 계속 썼다. 도제 과정을 마친 다음 같은 서점의 재고 담당 조수가 되면서 마침내 부모의 경제적 도움에서 벗어났다. 1899년에는 스위스 바젤의 유명한 서점으로 자리를 옮기고, 작가로서의 경력도 차츰 다져나가기 시작했다.

두 번째 위기,
삶의 한가운데서 다시 출발

헤세의 지독한 사춘기 경험은 그의 초기와 중기의 작품들에 여러 흔적을 남겼다. 《수레바퀴 아래서》에는 국가고시로 인한 혹독한 스트레스가 담겨 있고, 《데미안》에도 세심히 보호되는 부모의 세계와 유혹적인 바깥 세계 사이에서 흔들리는 소년의 마음, 학교를 옮기고 술집을 전전하며 성적인 문제로 자살을 생각하는 소년들의 모습이 등장한다. 《나르치스》에는 남자 기숙학교의 모습이 선명히 그려지고, 골드문트의 떠돌이 삶에는 젊은 날 헤세의 떠돌이 경험이 반영되어 있다. 작가는 자신의 체험을 고스란히 그리지는 않아도, 영혼의 갈등과 온갖 힘든 체험을 잘 녹여서 작품의 구조 안에 새로운 모습으로 섞어 넣었다.

어지러운 삶의 한복판에서

1919년 봄, 헤세는 홀로 스위스 남부의 루가노 근교 몬타뇰라로 이주했다. 85년 생애의 정확히 한복판인 42세, 그는 몸도 마음도 거의 완전히 무너져 있었다. 지난해 늦가을에야 거의 5년간 계속된 혹독한 전쟁(1914~1918년, 제1차 세계대전)이 겨우 끝났다. 전쟁 초기 심한 근시로 자원입대를 거부당하고 나서 그는 독일 정부의 지원으로 후방에서 "전쟁 포로를 후원"하는 사업으로 바쁜 시간을 보냈다.

 전쟁터에서 중상을 입거나 전쟁 포로가 되어 삶의 갈피를 잃고 방황하는 독일군 젊은이들에게 책을 보내거나 여러 방식으로 돕는 한편, 독일 정부의 (영토) 확장 정책을 비판하는 글을 각종 매체에 꾸준히 실었다. 하지만 이런 비판적 기고문으로 독일 정부의 미움을 사면서 포로 후원 사업을 위한 정부의 지원금이 끊길 위기에 몰렸다. 그러자 헤세는 비판적인 글쓰기를 그만두기는커녕, '에밀 싱클레어'라는 필명으로 그런 글쓰기를 계속한다는 묘책을 찾아냈다.

 하지만 전쟁 기간에 그의 사생활도 완전히 무너졌다. 전업 작가로서의 기본적인 입지만 다진 1904년(27세)에 그는 9년 연상의 직업 사진사인 마리아 베르누이(Maria Bernoulli, 1868~1963)와 결혼해 아들 셋을 두었지만, 결혼 생활이 원만하지는 못했다. 스위스 출신의 지적인 아내를 아이들과 함께 독일의 시골 마을―보덴 제의 가이엔호펜―에 이방인 상태로 남겨두고, 그 자신은 자주 멀리 여행을 떠나 집을 비우곤 했다. 남편이 《페터 카멘친트》와 《수레바퀴 아래서》 등으로 점차 명성을 쌓아가는 동안 아내는 우울증과 신경쇠

약증에 시달렸다. 그의 인도 여행도 이즈음에 이루어졌다.

불행한 아내와 가족을 이끌고 헤세는 아내의 고향인 베른으로 돌아와(1912) 새로운 출발을 시도했지만, 아내의 건강도 나아지지 않고, 둘 사이의 관계 회복도 쉽지 않았다. 그런 와중에 제1차 세계대전이 시작되자(1914) 그는 포로 후원 사업으로 눈코 뜰 새 없이 바빠졌다.

이 전쟁 시기에 그의 생애 최대의 위기들도 한꺼번에 닥쳐왔다. 전쟁 한복판인 1916년에 아버지가 사망했는데, 제대로 화해도 못 한 채 독일에 아버지를 남겨두고 스위스에서 바쁘게 지내던 헤세는 뒤늦게 심한 자책감으로—요란한 사춘기를 생각하면 당연한 일—몹시 괴로워했다. 거기 더해 아내는 조현병으로 요양원을 들락거리고 막내아들도 병에 걸렸다. 헤세 자신도 신경쇠약 증세가 심해져 병을 이기기 어렵게 되자 카를 융의 제자인 요제프 랑(Josef Lang) 박사가 운영하는 루체른의 존넨마트(Sonnenmatt) 요양소에서 정신분석 치료를 시작했다. 1917년에 쓴 소설 《데미안》(1919년 출간)에는 정신분석학에 접촉한 경험이 매우 신비로운 방식으로 녹아들어 있다.

전쟁이 끝나고 전쟁 포로 후원 사업도 끝나고 보니 그의 사생활은 이미 돌이킬 수 없을 정도로 심하게 망가져 있었다. 1919년 4월, 요양원에 입원한 아내와 아예 결별하고(아직 이혼은 안 한 채로) 아들들은 주변 친구들에게 맡겼다. 일벌레, 책벌레인 헤세는 자녀 양육과 같은 실생활 영역에서는 무능한 사람이었던 모양이다.

베른의 집을 정리한 그는 5월에 홀로 스위스 남부 테신(이탈리아어 티치노)주에 있는 몬타뇰라에서 작은 귀족 궁전처럼 보이는 '카사 카무치(Casa Camuzzi)'•에 입주했다. 그의 표현을 빌리자면 "1년 전부터 전기도 난방도 없고, 사람 없이 버려진 빈집"에서 혼자 살기 시작한 것이다. 전쟁 통에 버려져 있었지만, 바로크 양식의 사냥용 성을 모방해 지은 이 작은 궁전은 꽤 전통 있는 건물이다. 이곳에서 그는 예술가로서, 인간으로서 자기 자신을 차츰 되찾으며 1931년까지 12년을 보낸다.

카사 카무치

그는 이 작은 궁전의 주인도 아니고, 집 전체를 세낸 것도 아니었다. 방 네 개짜리 일종의 소박한 아파트의 세입자에 지

• 오늘날의 헤세 박물관. 원래 그가 살던 본채는 바로 옆의 건물로, 현재는 개인 소유다. 헤세 박물관은 카사 카무치의 탑 부분에 들어 있다.

카사 카무치.

탑 부분이 헤세 박물관(위).
오늘날 헤세 박물관의 입구(아래).

나지 않았다. 전업 작가로서의 수입이 차츰 안정되고는 있었지만, 그가 낯선 곳으로 이주해 새로운 곳에서의 삶을 시작하던 시기에, 전쟁 이후의 인플레이션도 천천히 시작되고 있었다(1923~1924년에 절정). 정착 초기에 그는 극단적인 가난에 시달렸다. 하지만 곤궁에 쪼들리면서도 홀로 지내는 자유로움을 느꼈다. 어쩌면 생애 처음으로 느끼는 진짜 자유였을 것이다. 전쟁은 끝났고, 오래전 고장 난 결혼 생활에서도 마침내 벗어났으니 말이다.

방황하던 사춘기 시절부터 어머니의 따스한 보살핌을 경험하지 못한 그는 스물일곱 살에 자기보다 아홉 살 연상의 마리아 베르누이와 결혼했다. 하지만 그의 아내는 불행한 결혼 생활 마지막에 정서적·신체적으로 극심한 어려움을 겪었다. 남편과 헤어지고 병에서 회복한 다음 그녀도 테신주의 아스코나로 이주했고, 헤세보다 1년 더 오래 살았다.

전쟁 기간에 헤세는 포로 사업과 기고문을 쓰느라 바빠서 마음껏 창작에 전념하지 못했다. 이제 자유를 되찾은 그에게 가장 다급한 것은, 부서진 몸과 마음을 추스르고 창작에 몰두하며 잃어버린 삶도 되찾는 일이었다.

언덕 높이 자리 잡아 전망이 아주 좋은 카사 카무치는 그에게 매우 좋은 효과를 냈다. 이 집의 발코니에 서면 멀리까지 멋진 전망이 눈앞에 펼쳐진다. 먼 산들을 배경으로 루가노 호수의 한쪽 지류와 호수 건너편 마을들과 낮은 산들이 내려다보이고, 발아래로 곧장 가파른 내리막을 이루며 호수로 이어지는 무성한 숲이 그의 마음을 달래주었다.

헤세는 뒷날 인쇄된 〈늙은 나무를 애도함〉(1927)이라는 작은 에세이에서 이 집을 선택한 이유를 이렇게 설명한다.

전쟁이 끝나갈 때 나는 난민[도망자] 신세로 혼자서 이곳에 왔다. 그때까지의 나의 삶이 무너졌기에, 여기서 일하고 생각하면서 무너진 세계를 내 안에서 다시 세우기 위해 숙소를 구하고 있었다. 작은 숙소를 구하던 중 지금의 이 집을 보았을 때 숙소가 나빠 보이진 않았지만 집주인이 나를 작은 발코니로 데려간 것이 결정타였다. 갑자기 눈 아래로 클링조어의 정원*이 보이는데, 그 한가운데에 커다란 나무 한 그루가 밝은 장밋빛 꽃을 피우고 있었고 곧바로 나무 이름을 물었더니, 보라, 그게 유다나무[서양박태기나무]였다.**

이 아름다운 방을 뺏긴다면 나는 정말이지 큰 상실감을 느낄 것

- 원래는 바그너의 오페라 〈파르지팔〉에 등장하는 마법사 클링조어의 정원. 온갖 아름다운 꽃이 피어 있다.
- 헤르만 헤세, 《헤르만 헤세의 나무들》, 90~91쪽.

이다. 하지만 이 방에서 가장 아름다운 것은 작은 발코니를 향해 뚫린 빈 공간이다. 그 공간으로부터 루가노 호수만이 아니라 산 마메테 지역까지 수많은 물굽이들, 산들, 마을들, 그리고 가깝고 먼 열두어 개의 마을들이 보인다. 그중에서도 가장 사랑스러운 곳은 바로 아래로 내려다보이는 조용하고 매혹적인 오래된 정원이다.•

전망이 멋진 이 집은 그가 그해 여름에 써서 이듬해 발표한 중편소설 《클링조어의 마지막 여름》에 직접 등장하며, 소설에서 핵심적인 역할을 하는 장소이기도 하다.

《데미안》의 작가, 몬타뇰라의 화가가 되다

몬타뇰라에 정착하던 시기 헤세는 가난뱅이 신세였다. 하지만 그는 이런 곤궁의 시간도 좋은 점이 있다고 1919년 8월 한 편지에 적었다. "물질적으로 여유로울 때는 결코 얻을 수 없는 집중력과 열기를 예술 작업에 쏟아부을 수 있다. 실존의 핵심이 부스러졌으니 오래 견디기를 기대할 수 없다는 느낌에서, 쓰러지기 직전 늙은 나무가 한 번 더 잎을 틔워 열매

• 같은 책, 88쪽.

를 남기려고 애쓰듯, 있는 힘을 모두 모은다."•

여기서 그는 1916년에 이미 시작한 그림 작업에 본격적으로 몰두했다. 북부에 비해 햇빛 찬란한 알프스 이남의 도시 루가노에 정착한 것도 아마 그림 작업을 염두에 둔 선택이었던 듯하다. 그해 여름 그는 광적인 창작열로 맹렬히 불타올랐다.

그가 남부 스위스로 이주한 일은, 네덜란드 화가 빈센트 반 고흐가 남부 프랑스의 아를로 이주한 일과도 비교된다. 두 사람 모두 목사의 아들로, 독학으로 그림을 익혔고, 북부에서 남부 유럽으로 이주하면서 비로소 대담한 색채감각이 완전히 펼쳐지기 때문이다. 또한 이주 초기에 극심한 가난에 시달리며 상당히 비슷한 감정을 편지에 서술했다. 작가인 헤세는 화가 고흐와는 달리 유화가 아니라 주로 수채화 작업에 머물렀지만.

헤세는 루가노에서 작업 시간을 정확히 둘로 나누어 절반은 글쓰기에, 나머지 절반은 그림 작업에 바쳤다. 이곳 일대를 계속 돌아다니며 부지런히 스케치 작업을 하고 또 수채화

• Volker Michels, *Farbe ist Leben. Hermann Hesse als Maler.* Aus: Eine Auswahl seiner schönsten Aquarelle. S. 12ff.

를 그리면서 선과 색채 다루기에 점점 더 익숙해졌다.

몬타놀라에 정착한 그해(1919) 여름, 2년 전에 이미 완성해 출판사로 보낸 소설《데미안》이 '에밀 싱클레어'라는 작가 이름을 달고 세상에 나왔다. 이 소설은 전쟁에서 중상을 입은 젊은 에밀 싱클레어의 자전적 기록이라고 알려진 채 엄청난 대중적 인기를 얻었다. 헤세 자신은 젊은 작가의 원고를 출판사에 소개한 중개자로만 알려졌다가, 시간이 얼마간 흐른 뒤에야 그가 《데미안》의 진짜 작가라는 사실이 밝혀진다. 《데미안》에는 그림을 처음 그리던 시절의 경험도 이미 들어 있다. 잠깐 들어보자.

나는 조심스럽게 시작했다. 얼굴을 그리기란 어려운 일이었기에 처음에는 다른 것들로 시험을 해보기로 했다. 장식무늬, 꽃, 자그마한 상상의 풍경화, 예배당 옆의 나무 한 그루, 사이프러스 나무가 있는 로마의 다리를 그렸다. 이따금 이 장난스러운 행위에 완전히 몰입해서 나 자신을 잊었고, 나는 크레파스를 든 어린아이처럼 행복했다.•

그가 몬타놀라로 이주한 첫해 여름에 쓴 소설《클링조어

• 헤르만 헤세,《데미안》, 98쪽.

헤르만 헤세의 수채화.

의 마지막 여름》(1920년 발표)은 이주 첫해의 내면과 주변 환경을 다른 소설보다 훨씬 더 노골적으로 보여준다. 여기서 주인공 클링조어는 당시 헤세와 같은 나이(42세)의 화가다. 헤세가 화가로서 처음 제대로 맛본 알프스 남부 지역의 여름 날씨와 풍경이 이 작품에 거의 고스란히 드러나 있다. 이름은 달라지지만 카사 카무치도 작품에 직접 등장하며, 여러 등장인물도 모델 인물을 현실에서 확인할 수 있을 정도로 현실을 고스란히 옮긴 부분이 많다.

다시 말해 이는 매우 노골적으로 자전적인 요소를 포함하는 작품이다. 자전적 요소는 헤세의 거의 모든 작품에 나타나지만, 대개는 잘 소화되어 허구 속에 녹아들어 있는데, 이 소설에서는 비교적 날것으로 드러난다. 덕분에 어떤 면에서 일종의 자전적 에세이 같은 느낌을 준다.

제2장

《클링조어의 마지막 여름》

화가 클링조어

규모가 그리 크지 않은 이 중편소설*은 1919년의 한여름, 7월에서 9월 초까지의 석 달도 채 안 되는 짧은 기간을 다루고 있다. 마흔두 살의 "표현주의 화가" 클링조어는 생애 마지막 여름을 (스위스) 남부 지역에서 보내며 마지막 그림들을 그렸다. 죽은 화가의 마지막 행적을 들려주는 이 작품은 처음부터 놀라울 정도로 현란한 색채 언어들로 가득 채워져 있다.

언덕 높은 곳 카스타네타에 사는 화가는 타오르듯 뜨거운 한여름의 여러 주간을 거의 매일 이리저리 돌아다니며 스케치를 계속한다. 피곤한 상태로 늦게 집에 돌아와도 얼른 잠자리에 들 생각 없이 그날의 스케치를 검토하고, 또 눈앞에 닥쳐와 있다고 믿는 죽음을 바라보며 온갖 상념에 잠긴다.

---

* 도이치어 문학에는 우리말로 흔히 '단편소설'이라 번역되는 '노벨레(Novelle)'라는 장르가 있다. 문체와 구성에서 나름의 특수성을 갖는 노벨레는 단일한 주인공(들)을 다루고, 이야기 중간에 놀라운 사건 또는 반전(예컨대 지진 등)이 등장하며, 따라서 전혀 뜻밖의 종결부가 나타난다. 한 번도 들어보지 못한 새로운(novel, neu) 이야기를 독자가 믿을 수 있도록 들려주는데, 숨 가쁘게 빠른 속도로 앞으로 나아가는 특수한 문체와 엄격하게 완결된 종결부를 갖는다. 이런 전통적인 의미에서의 노벨레가 아닌 헤세의 이 작품은, '산문 이야기'라는 뜻의 '에르첼룽(Erzählung)'으로 분류된다. 다만 여기서는 독자의 편의와 길이를 고려해 '중편소설'로 칭한다.

다만 여름의 끝자락인 9월 초에 마지막 작품인 〈자화상〉을 그릴 때만은 작품이 끝날 때까지 거의 밖으로 나가지 않고 집 안에만 틀어박힌 채 이따금 거울 속 자기 얼굴을 들여다 보며 작업을 계속한다.

죽이 잘 맞는 화가 친구 "잔인한 사람 루이"와 '두보'라는 별칭으로 불리는 작가 헤르만 등 몇몇 친구들과 함께 지낸 시간들, 그리고 작품에 직접 등장하지는 않고 클링조어의 마음에만 들어 있는 젊은 여성 지나와 그가 편지를 보내는 또 다른 여자 친구 에디트도 있다.

스스로 나이 들어감을 느끼는 주인공은 극단적으로 과열된 작업 방식과 일종의 우울증으로 인해 작품 내내 죽음을 눈앞에 바라본다. 과열된 작업 방식은 과거부터 생산성이 좋을 때면 언제나 거듭된 그의 습관이다. 게다가 그는 술을 몹시 좋아하고, 또한 폭음의 성향도 있다. 아마도 이렇게 누적된 과로와 과음 탓에 그는 늦가을에 갑작스럽게 사망한 것 같다. 가까운 친구들조차 그의 사망 소식에 깜짝 놀라고 있으며, 갑자기 죽은 탓에 심지어 자살했다는 소문도 잠깐 나돌았다.

소설을 읽는 독자는 주인공의 마지막 행적들을 천천히 조심스럽게 음미하며 이런 내용을 스스로 유추해야 한다. 많은 뛰어난 소설이 그러듯 여기서도 이야기꾼은 어린아이에게 떠먹이듯 줄거리를 상세히 설명하지 않고, 독자가 짐작할 수 있도록 이런저런 자료만을 제공하기 때문이다. 독자는 방심하지 않고 인물의 편지나 시를 통해 글쓴이의 내면을 들여다보고, 그의 처지에 들어가보아야만 이해하기 쉽지 않은 화가의 마지막 순간들을 조금이나마 이해할 수 있다.

잠시 이 소설의 몇 가지 키워드들을 살펴보기로 하자.

술친구 이태백과 두보

주인공 클링조어는 술을 찬미하는 노래들을 남긴 중국의 시인 이태백을 좋아해서 취하면 자주 자신을 '이태백'이라 부르고, 친구이며 작가인 헤르만을 '두보'라고 부른다. 작품에서 이들은 별로 많은 말을 주고받지는 않는다. 친구들의 모임에서 두보는 클링조어의 요청에 따라 시인 이태백의 시 일부를 낭송해 들려준다. 또한 두 사람은 각자 자기가 쓴 시 한 편씩을 주고받는다. 그러니까 그들은 술친구이자 예술의 친구다.

술을 사랑하는 클링조어의 마음엔 허망하게 지나가는 삶의 무상함이 깊이 자리 잡고 있다. 아르메니아 사람은 그것을 '우울증'이라 부른다. 클링조어의 폭음 성향은 그의 우울증과 연관되어 있다. 하지만 그렇다고 해도 주변에서 흔히 보는 일상의 우울증은 아니다. 그가 거의 광적인 창작열에 사로잡혀 그야말로 잠도 줄인 채 창작에 몰두하는 예술가이니 말이다.

정열적으로 작품을 생산하는 한가운데서도, 삶 전체를 꿰뚫는 무상함과 죽음의 필연성에 대한 의식이 그의 마음을 사로잡고 있는데, 이는 인간이 지닌 근원 의식의 일부다. 삶이

찰나에 지나지 않는다는 깨달음은 화가 클링조어의 창작에 방해가 되기는커녕 오히려 그를 더욱 작업에 몰두하게 한다. 다른 말로 하자면, 삶과 죽음에 대한 근원 사유에서 오는 그의 우울증은 창작열의 원천이며, 이런 죽음의 사유는 두보와 클링조어가 제각기 쓴 시의 주제이기도 하다.

두보의 시

두 사람은 술친구지만, 실은 무엇보다도 예술가 친구다. 이 소설에는 두보의 시와 클링조어의 시가 각기 한 편씩 들어 있다. 두 시가 모두 삶의 허망함을 노래하지만, 약간의 차이점을 보인다. 〈8월의 저녁〉에 등장한 두보의 시는 운율이 안정된 시인의 작품이다. 이 시는 모든 인간의 삶에서 피할 길이 없는 죽음, 즉 보편적 죽음을 노래한다.

특이한 것은 죽음을 맞을 수밖에 없는 작은 아이(인간) 위로 몸을 굽히고 들여다보는 "영원한 어머니"의 모습이다. "우린 어머니에게서 왔고,/어머니의 장난치는 손가락이/허망한 대기에 우리 이름을 쓴다"라고 두보는 노래한다. 여기 등장하는 어머니는 우리를 낳고 거두어들이는 보편적인 어머니, 융의 심리학에서 다루어지는 "위대한 어머니"다.

뒷날 헤세가 쓴 대표작의 하나인 장편소설 《나르치스》에서 "근원 어머니 에바(Urmutter Eva)"로 등장해 작품의 핵심적인 역할을 하는 바로 그 어머니다. 예술가로 성장하는 골드문트의 방랑길을 안내하는 존재가 바로 이 근원 어머니인데,《클링조어의 마지막 여름》의 두보 시에서 이미 분명한 모습을 선보이고 있다.

클링조어의 시

클링조어가 두보에게 보낸 시도 똑같이 죽음을 노래한다. 다만 그의 시는 운율이 자유롭고, 내용도 좀 더 개인적이고 구체적이다. 주막집 주인은 그의 비어버린 술병을 채우려고 저장고로 가면서 투덜댄다. "내일이면 창백한 죽음이" '큰 낫'을 들고 클링조어의 목을 베어낼 것이다. 그는 이런 죽음의 위협에 웃음으로 맞서느라 노래하며 술에 취한다고 주장한다. 그는 죽음이 바로 자기 눈앞에 와 있음을 느낀다.

이 시에 등장하는, 죽음이 들고 있는 '큰 낫'도 다시 뒷날의 장편소설《나르치스》에 등장한다. 페스트가 창궐한 지역을 거침없이 떠돌아다니는 골드문트의 눈앞에 거듭 이런 죽음의 모습이 나타나고 여러 번이나 죽음의 춤이 등장한다. 《나르치스》에 나오는 근원 어머니와 죽음의 큰 낫이라는 이미지는 이미 이 작품에서 선을 보인다.

몰락의 음악

〈8월의 저녁〉 바로 전 장면인 〈몰락의 음악〉은 이 작품에서 특별한 역할을 한다. '클링조어의 달'인 7월 마지막 날에, 클링조어는 친구 두보와 함께 자기가 좋아하는 지역을 순례한다. 저녁 무렵 그는 집시들의 천막 옆에 앉아 색채를 죽음에게 쏘는 대포라 여기며 대포 쏘듯 공격적인 태도로 그림을 그린다. 그런 다음 두보가 데려온 특이한 두 친구인 점성술사(아르메니아 사람), 그림자와 함께 7월의 마지막 저녁을 술과 음악과 춤으로 보낸다.

이태백 시인이 〈장진주〉에서 특유의 과장법으로 말한 "삼백 잔"의 술을 마시며 떠들어대는 클링조어의 모습이 여기 등장하는데, 이 장면의 서술은 상당히 환상적이다. 홀 안에서 그가 술을 마시고, 밖에서는 죽음이 그를 기다린다. 클링조어와 두보는, 사실적으로 서술된 〈카레노 소풍〉의 친구들과는 전혀 다른 인물들과 함께 앉아 있다. 그림자는 아예 한마디 말도 없이 앉아 있고, 점성술사인 아르메니아 사람은 클링조어와 우울증에 대해 논쟁하면서 계속 포도주를 따라 클링조어한테 권한다. 클링조어를 "몰락의 노래꾼"이라 부르며, 그의 불안한 미래를 암시한다.

마지막에는 음악과 춤이 멈추고, 모든 사람이 유령처럼

갑자기 사라지고, 클링조어만 홀에 남아 죽음을 바라보다가 마침내 홀에서 나와 혼자 걸어간다. 전체 장면이 현실적이기보다는 환상적인 방식으로 클링조어의 내면을 보여준다. 여기서 클링조어는 정체를 알 수 없는 상대를 향해 떠들어대지만, 모든 대화가 거의 독백처럼 들린다.

화가와 시인, 두 개의 정체성

화가 클링조어와 시인 두보는, 당시 작가이며 동시에 화가로 작업하던 헤세의 두 정체성을 드러내는 인물들이다. 클링조어는 헤세와 생년월일이 같고, 두보의 이름은 헤세의 이름인 '헤르만'이다. 친구들 가운데서 두보는 거의 말이 없다가 클링조어에게 이태백의 시를 전하거나 자신이 쓴 시를 보낸다. 이 인물을 주인공 화가와 함께 헤세 자신의 또 다른 자아(alter Ego, 분신)라고 볼 수 있을 것이다.

말없이 퀭한 눈길로 앉아 있는 그림자도 클링조어 자신의 그림자고, 저 이상한 동양(아르메니아)의 점성술사도 실은 클링조어 내면의 또 다른 목소리라고 생각해본다면, 〈몰락의 음악〉에서 모든 대화가 독백처럼 들리는 것과 마지막에 갑자기 모두가 사라지고 클링조어 혼자서 걸어가는 모습이 불현듯 이해될 듯도 싶다.

젊은 여성을 향한 동경, 중년 남성의 위기

죽음을 바라보며 창작에 힘을 쏟는 클링조어의 마음에 작품 말고 가장 빈번히 떠오르는 생각은 젊은 여인들을 향한 동경과 사랑의 갈증이다. 첫 장면에서 이미 클링조어는 지나라는 젊은 여성을 생각한다. 또는 세탁하는 여인네들이 모이는 홀을 생각한다. 이 장 마지막에 그의 꿈이 소개되는데, 꿈속에서 그는 숲에서 붉은 머리의 여인을 품에 안고, 검은 머리 여인은 그의 어깨에 기대고, 또 다른 여인이 그의 옆에 무릎을 꿇고 있다. 그는 그 모든 나이대, 모든 머리 색깔의 여인을 사랑하고 싶고, 또한 그들의 사랑을 받고 싶다. 하지만 이것은 어디까지나 꿈이고, 마음속 욕망일 뿐이다.

현실에서는 화가 친구 루이가 실제로 아름다운 여자친구와 만난다. 두 화가는 함께 그림을 그리며 많은 이야기를 나누고, 라구노(실제로는 루가노) 일대를 돌아다니며, 말만으로 전 세계의 도시들을 방문한다. 그러다 루이는 여자친구와 함께 여행을 떠나버리고, 기대하지도 않았는데 갑자기 다시 돌아온다. 클링조어와 달리 그는 가벼운 새처럼 자유롭게 이동한다.•

여러 친구가 함께한 카레노 소풍의 날에 젊은 여성을 향한 클링조어의 욕망이 더욱 구체적으로 드러난다. 친구들은 오전에 모여 함께 길을 떠난다. 고지대에 자리 잡은 카레노를 향해 클링조어와 두보, 또 다른 남성 화가와 여성 화가, 의사, 가수 에르실리아 등이 함께 숲을 거쳐 점점 더 높이 산길을 더듬어 올라간다. 초록 숲을 배경으로 아름다운 사람들의 옷 색깔을 바라보며 그는 다시 지나를 생각한다. 단둘이 만난 적은 한 번도 없고, 자기가 누군지도 이해하지 못하는 젊은 여성 지나, 도시의 어느 사무실에서 타이피스트로 일하는 지나를 사랑한다고 그는 혼자 느낀다.

그런데도 산을 오르며 산등성이에서 만난 어린 소녀의 어머니인 아시아 여인에게 키스하고 싶다는 욕망을 느끼고, 카레노에 도착해서도 골목길 창가에 서 있는 아름다운 소녀를 향해 은밀한 욕망을 드러낸다. 하지만 오늘의 목적지, 카레노 광장에 면한 노란 궁전 안에서 붉은 옷차림의 "청춘의 초상"인 "산의 여왕"을 보자마자 클링조어는 곧바로 깊은

- 작품에서 "잔인한 사람 루이"는 스위스의 '청기사파'에 속한 화가이며, 헤세의 가까운 친구였던 루이 무아예(Louis Moilliet, 1880~1962)의 모습을 드러낸다고 한다. 스위스 화가들인 파울 클레, 아우구스트 마케 등과 함께 튀니지 여행을 하며 풍부한 결실을 거둔 이 화가는 몬타뇰라의 헤세 집을 자주 방문했다. Vgl. Volker Michels, S. 16.

탄식을 내놓는다. "내가 10년만 더 젊다면 이 미인은 나를 차지할 텐데."

이제 마흔두 살의 화가는 스무 살 정도의 젊은 여인에게 홀딱 반하지만, 반했다는 생각조차 차마 하기 힘들다. "늙은 마법사" 클링조어한텐 그녀가 너무 젊다는 거다. 그녀를 바라보는 것만으로도 그는 "낙원에서의 1년"과 같은 오후를 보냈다고 느끼며, 멋대로 그녀를 포기한다. 이어지는 그로토에서의 저녁 식사는 유쾌한 친구들의 모임을 잘 보여준다.

바로 뒤이어 나오는 에디트에게 보낸 편지에서 그는 이렇게 말한다. "난 내가 도대체 사랑이란 걸 할 수 있는지조차 모르니까." 그리워하고 동경할 수는 있어도 사랑할 능력이 있는지 잘 모르는 사람, 클링조어는 아마도 자기 자신과 그림만을 사랑하고 또 과대평가하는 일종의 나르시시스트인 걸까?

산의 여왕

이 짧은 소설에서 절정을 이루는 〈카레노 소풍〉에서도 다시 절정은 "산의 여왕"의 모습이다. "온통 빨간색 옷의 날씬하고 나긋나긋한 꽃봉오리, 팽팽하고 단단한, 타오르는 불꽃, 청춘의 초상." 클링조어는 그녀에게 홀딱 반해 그녀의 행동

하나하나를 기억에 새긴다.

이 아름다운 젊은 여인의 뒤에는 뒷날 헤세의 두 번째 아내가 되는 루트 벵거(Ruth Wenger, 1897~1994)의 모습이 감추어져 있다. 그녀의 어머니는 화가이자 어린이 책 작가였는데, 둘째 딸인 루트는 1919년에 20년 연상의 작가-화가인 헤세와 알게 되었다.

그녀는 당시 부모와 함께 몬타뇰라에서 멀지 않은 카로나(Carona)에 머물고 있었다. 만나자마자 두 사람은 열렬한 사랑에 빠졌지만, 서로 관심사가 달라 결혼에는 회의적이었다. 소프라노 가수인 그녀는 많은 동물과 함께 바젤에 살고, 헤세는 계속 몬타뇰라에 머물면서 이따금씩만 만났다. 1924년 헤세가 첫 번째 아내와 이혼하고 난 다음 두 사람은 결혼했지만, 대부분은 떨어져 지냈다.

재혼하고 3년 뒤에 루트가 이혼을 원했고, 헤세는 마지못해 이혼에 동의했다. 그녀가 나중에 다른 사람과 결혼해 얻은 손자는 2022년에―할머니의 말을 인용하며―두 사람의 결혼이 실질적으로 성립했는지조차 의문이라고 증언했다. 두 사람 사이에 자녀가 없고, 할머니 루트 벵거가, 헤세가 자신과 함께 잠을 자지 않아 이혼했다고 말했단다.

그녀는 헤세의 소설《싯다르타》에 등장하는 카말라(Kamala)의 모습에 영감을 준 인물이다. 하지만 우리 소설《클링조어의 마지막 여름》에서는 "산의 여왕"의 모습으로, 작가가 그녀를 처음 만나던 장면이 매우 생생히 서술되고 있다. 작품의 카레노는 실제 지명 카로나에서 가져온 것으로 보인다.

자화상, 언어로 그린 그림

작열하는 여름의 끝에 나온, 화가 클링조어의 마지막 대표작이 자화상이다. 이것은 통상적인 의미의 초상화는 아니고 풍경화의 요소를 잔뜩 포함하는 인물화로서, 그려진 대상들의 모습이 기묘하게 중첩된 복합적인 그림이다. 사람의 얼굴에는 산과 나무와 자연의 모습이 잔뜩 드러나 있다. 그러면서도 궁극적으로는 화가 자신의 얼굴을 그린 것인데, 다시 그 얼굴 뒤에 수많은 얼굴이 감추어져 있다. 복합적인 이 얼굴은 "몰락하는 자, 자신의 몰락에 합의한 자"의 모습을 하고 있으며, "죽어가는, 죽기를 바라는 유럽의 인간"을 보여준다. 그러고도 인간 이전 "짐승의, 식물의, 돌의 얼굴들"도 그 뒤에 감추어져 있다. 즉 태고 인류와 그 이전의 모습까지 들어 있는 것이다.

또한 주인공 화가는 이 시기에 실내에서 작업한, 고문당하는 자신의 스케치도 남겼다. 이 스케치는 그가 죽은 뒤에야 발견되는데, 스케치에서 탐색한 요소들도 당연히 자화상에 들어갔다. 이런 스케치만이 아니라 옛날 자신의 사진들, 부모의 사진들 등 많은 개인적인 역사도 초상화에 들어갔다.

매우 다양한 요소를 포함하는 복합적인 이 자화상을 그리는 과정에 주인공은 일종의 착란을 일으키지만, 작품이 요구하는 일만은 빈틈없이 해냈다. 그 과정에서 그는 끔찍한 내면의 싸움을 벌였다. 이 싸움에서 "한 개인의 운명과 변명만이 아니라 인간적인 것, 보편적인 것, 필연적인 것이 완성된다는 믿음"을 느꼈다. 클링조어는 이 일을 기어코 해내고 만다.

다시 말하면 그의 그림은 자기 얼굴을 통해 "인간적인 것, 보편적인 것, 필연적인 것"을 붙잡아 표현하려는 노력이었다. 클링조어는 작열하는 한여름을 스케치로 보내며, 색채에 도취하고 술에도 취하고, 동시에 다른 온갖 욕망과 깊은 우울증에도 시달렸지만, 그러면서도 쉬지 않고 작업에 매달린 끝에 이렇듯 깊이 내면화한 자신만의 그림, 말기 유럽인을 형상화한 자화상을 완성했다.

그의 탐닉은 늦가을의 죽음으로 종결되거니와, 그 뜨겁던 여름의 끝에 그는 원하던 그림을 완성했다. 집중된 에너지로 작업에 몰두하는 예술가들의 꿈은 이것이 아닐까? 설사 이른 죽음을 맞이한다 해도 자신이 진정 원하는 작품을 완성하고 떠나는 것 말이다. 소설에 이런 말은 없지만, 초상화를 완성하는 것으로 이 짧은 소설은 끝난다.

화가 클링조어를 거쳐
조각가 골드문트로

헤세는 이 작품을 완성하고 정확히 10년이 흐른 다음 장편소설 《나르치스》를 발표했다. 물론 그사이 다른 작품들이 더 나왔지만, 《클링조어의 마지막 여름》은 《나르치스》와 직접 연결되는 요소를 지닌다. 무엇보다 두 작품이 똑같이 예술가를 주인공으로 삼기 때문이다. 《나르치스》의 주인공 골드문트는 중세에 목조각가로 성장하는 인물이다. 조각가로서의 훈련을 받기 전부터 이미 틈날 때마다 마음에서 우러나 스케치를 해보다가, 뒷날 어느 도시에 정착해서 조각의 기술을 배우며 실천에 옮긴다.

미술 작업의 근간인 스케치가 이 여름 클링조어의 가장 중요한 일이었다. 여기에는 다수의 채색 스케치가 포함된다. 화가의 작업에서 핵심 기술은 형태 탐구와 아울러 색채를 다루는 일이다. 여름내 햇빛 밝은 남부 스위스 지역을 돌아다니며 온갖 풍경을 스케치한 끝에 클링조어는 실내에 틀어박혀 풍경화 아닌 자신의 초상화를 그린다.

이런 기묘한 패러독스는 자화상의 서술을 통해 어느 정도 이해할 수 있게 된다. 초상화에 풍경화의 요소가 잔뜩 들어가기 때문이다. 또한 돌이켜보면 스케치하러 돌아다니는 동안에도 화가는 줄곧 자기 자신에 대한 관찰과 생각을 멈추지 않았다. 즉 거의 오로지 자신을 탐색하고 있었다.

풍경화도 물론 화가 개인의 특성을 보일 수밖에 없다. 헤세의 수채화, 특히 그의 풍경화에서 이 작가의 독특한 시적 특성을 느낀다면, 이는 납득이 된다. 헤세는 수백 점의 수채화를 남겼고, 스위스와 독일에서 여러 번 전시회를 열었으며, 그림책도 남아 있다. 원하는 사람은 그의 수채화들을 온라인에서도 찾아볼 수 있다. 그의 그림은 일종의 "색채 동화"로 읽힌다고 한다. 그것은 현실을 재구성해서 소망의 모습, 즉 상징으로 끌어올리는 작업이다.•

로맹 롤랑은 이렇게 말한다. "헤르만 헤세의 수채화는 즉시 나를 매혹하는 힘과 색채의 아름다움을 지니고 있다. 이 그림들은 과일처럼 맛이 좋고 꽃처럼 웃는다. 그래서 마음을 기쁘게 한다"(같은 책의 표지에서 인용).

그가 쓴 예술가 소설들은 그의 그림과는 다르다. 소설은 그림을 보여주는 게 아니라 언어로 그림 또는 조각 작품을

• Volker Michels, S. 18f.

서술하기 때문이다. 물론 이런 언어 서술의 기법도 단번에 대가의 경지로 들어설 수는 없다. 화가 헤세가 색채를 익히던 기간에 쓴 《클링조어의 마지막 여름》에서, 작가 헤세는 수많은 색채의 탐색을 언어로 들려준다. 하지만 이것은 결국은 다음번 대작인 《나르치스》를 위한 습작으로서, 일종의 스케치 단계의 작품이다.

《나르치스》에서 골드문트는 개별 작품에 대한 설명보다는, 예술이란 무엇이며, 어디서 기원하는 것인가를 말한다. 그의 생각은 클링조어보다 훨씬 더 보편적인 경지로 나아가 있다.

긴 방랑 끝에 옛날의 친구이자 스승인 나르치스를 다시 만난 골드문트는 "무상함을 극복"하려는 것이 예술이라고 말한다. 그러자 나르치스는 예술가가 어떤 구체적인 개인, 즉 개인의 형태나 색깔을 보존하는 것이라고는 생각하지 않는다고 말한다. 일종의 질문인 이 말에 대해 골드문트는 열광하면서 "좋은 예술 작품의 근원 형태"란 "정신적인 것, 곧 예술가의 영혼 안에 들어 있는 어떤 이미지"라고 대답한다. 나르치스는 곧바로 근원 형태인 이미지를 '이데아'라는 낱말로 바꾼다. 물질에 가장 많이 의존하는, 물질적 예술인 미술의 근원은 정신이며 이데아라는 것이다.*

그리고 골드문트는 이런 내면의 이데아를 따라 작업하는 도중에, 그러니까 자신이 진심으로 기획하던 작품을 완성하기 이전에 죽는다. 장편소설인《나르치스》는 예술가의 긴 형성 과정 전체를 보여준다. 그에 반해 중편소설인《클링조어의 마지막 여름》에서는 클링조어의 마지막 순간만이 포착된다. 독자는 그의 성장 과정에 대해서는 알지 못한다. 그의 마음을 이끌어간 것은 무상함에 대한 사색이었다. 그래도 그는 자화상을 유럽인의 얼굴이라는 보편성으로 승화시킨 작업의 끝에 스러진다.

우리는 이 두 소설을 통해 작가 헤세의 전반적인 예술론을 짐작할 수 있다. 아폴론적 예술가인 그는 두 편의 예술 소설에서 현상의 표면들을 치밀하게 서술해 은밀히 내면에 감추어진 정신과 이데아를 드러내는 작업을 한다. 그의 시도 마찬가지다. 아름다운 서술과 서정적인 분위기를 지닌 헤세의 시들은 내면에서 폭발하는 직접적 고통으로 우리에게 말 걸어오는 것은 아니지만, 그 또한 삶과 자연에 대한 넉넉히 매혹하는 사색을 포함한다.

- 헤르만 헤세,《나르치스와 골드문트》, 329쪽 이후.

제3장

산 살바토레산의 푸니쿨라와
몬타뇰라 걷기

북부에서 남부로

스위스를 조금 여유 있게 여행하는 사람이라면, 북부 스위스에서 남부로 넘어오면서 충격을 느끼게 된다. 비가 잦은 루체른을 거쳐 루가노로 내려가면 루체른의 햇볕에 상당히 놀란다. 루가노는 북부 스위스와는 언어가 다르지만, 무엇보다도 햇볕이 다르고, 당연히 날씨도 다르다. 그리고 하루이틀 지나다보면 겨우 눈치채게 되지만, 알프스산맥이 엉뚱한 쪽에 있다. 북부 스위스에서는 지도를 볼 때마다 알프스 산들이 늘 남쪽에 있었는데, 루가노에서는 갑자기 북쪽에 있는 것이다. 알프스 남사면의 햇살은 정말로 따갑다.

날씨에 충격을 느끼면서 천천히 그동안 자신도 모르게 움츠러들었던 몸이 펴지고 차츰 나른함과 행복감도 느낀다. 기분이 저절로 좋아진다. 인간은 스스로 생각하는 것보다 훨씬 더 날씨에 기분이 좌우되는데, 몇 시간 만에 날씨가 완전히 바뀌니 그런 변화를 비교적 뚜렷하게 느끼는 것이다.

언어도, 음식도, 문화도 달라진 루가노에서 맨 먼저 삶의 이 순간을 즐기자는 생각이 떠오르는 것은 어쩌면 당연한 일일 것 같다. 그렇다, 루가노에서는 먹고 마시고 즐기는 것도 아주 좋은 일이다. 루가노로 이주한 헤세가 작품에서 술꾼 예술가 클링조어를 만들어내고, 그 많은 멋진 음식 이야기를 하는 것도 우연이 아니다.

푸니쿨라를 타고
산 살바토레산으로

남부 도시 루가노 관광에서 꼭 해야 할 일이, 시내에서 멀지 않은 파라디소 구역으로 찾아가 푸니쿨라를 타고 산 살바토레산으로 올라가는 일이다. 1890년에 개통되고 여러 번이나 보수된 푸니쿨라는 상당히 가파른 경사면을 타고─일부 구간은 50도 이상─승객을 해발 282미터에서 십이 분 만에 해발 883미터 높이로 데려간다. 그러니까 서울의 북한산 최고 높이보다 50미터가량 더 높은 곳으로 데려가는 것이다.

산 위의 푸니쿨라 정거장에서 조금 더 걸어 올라가면 작은 예배당(박물관)과 송신탑이 나타난다. 전망대로 쓰이는 그곳 예배당 지붕을 천천히 한 바퀴 돌면서 놀랄 만큼 아름다운 루가노 전망과 먼 알프스 풍경을 실컷 맛볼 수 있다. 여기저기로 뻗어 있는 루가노 호수의 지류들 위로 찬란한 햇빛이 비친다. 날씨가 아주 맑은 날에는 밀라노까지의 길이 다 보인다고 한다.

《클링조어의 마지막 여름》의 〈루이〉 장에 주인공과 친구 루이, 루이의 여자친구까지 셋이서 푸니쿨라를 타고 올라갔다가 내려오고, 한 번 더 타고 올라갔다가 내려오는 장면이

나온다. 푸니쿨라만 타고 있어도 그만큼 즐겁고 풍경도 인상적이다. 그리고 이 장에서 멋진 음식점과 요리 이야기도 나온다. 시내 중심가나 파라디소에서도 그런 음식점을 찾아낼 수 있으니, 잠시 클링조어와 루이의 흉내를 내볼 수도 있을 것 같다.

몬타뇰라 걷기

버스를 타고 몬타뇰라로 가서 헤세 박물관(카사 카무치)을 방문하면, 거기서 일대의 헤세 산책로를 안내하는 작은 지도를 받을 수 있다. 오전이나 오후를 투자해서 그곳 일대를 돌아다니는 것은 그만한 가치가 있다. 몇 군데 들러볼 만한 곳을 잠깐 소개하기로 한다.

카사 로사, 또는 카사 헤세

'카사 로사(Casa Rossa, 붉은 집)'는 오늘날에는 개인소유라 관광객이 들어가거나 구경하는 것은 가능하지 않다. 높은 벽으로 둘러싸인 집은 밖에서는 아무것도 보이지 않고 오직 위치만 확인할 수 있을 뿐이다. 카사 카무치 아래쪽으로, 걸어서 십 분가량 걸리는 경사면에 있으니, 잠깐 그 주변을 걸어볼 수는 있다.

원래 이 집은 헤세의 친구이자 후원자이던 취리히의 의사 콘라트 보드머(Conrad Bodmer, 1891~1956)가 헤세와 그의 세 번째 아내인 니논을 위해 일부러 땅을 사서 집을 건축해 제공했고, 1931년에 두 사람은 카사 카무치를 떠나 이리로

몬타뇰라의 카사 로사.

이사해 죽을 때까지 살았다. 헤세가 죽은 다음에는 니논이 홀로 이곳에서 지냈다.

너른 정원을 지닌 이 집에서 헤세는 농부가 되어 나무들을 돌보고 밭일도 했다. 작은 건물 안에서 헤세와 아내는 각자 독립적인 출입구와 주거 공간을 갖고, 가운데에 공동 공간을 두어 제각기 자신의 작업에 몰두할 수 있었다. 이 집에서 헤세는 마지막 대작 소설 《유리알 게임》을 쓰고, 여기서 죽었다. 어느 날 남편이 나타나지 않자 아내는 그의 침실로 찾아갔다가 그가 밤사이 죽은 것을 발견했다.

헤세와 니논의 무덤

버스를 타고 몬타뇰라로 가는 길에 사이프러스 나무들이 두 줄기로 늘어선 길 끝에 작은 교회가 서 있는 것을 볼 수 있다. 매우 인상적인 광경인 '산타본디오' 교회. 그곳 사이프러스 나무 길이 시작되는 곳의 길 건너편, 즉 교회 맞은편에 상당히 큰 규모의 옛날 공동묘지가 자리 잡고 있다. 묘지를 방문하면, 그곳에서 후고 발(Hugo Ball, 1886~1927)과 브루노 발터(Bruno Walter, 1876~1962)의 안식처도 쉽게 찾을 수 있다. 천천히 거닐다보면 별로 두드러지지 않은 자리에서 헤르만 헤세의 묘지를 찾아볼 수 있다. 니논의 비석은 아예 바닥에 박혀 잘 보이지도 않는다. 이 소박한 무덤은 두 사람의 말년의 삶과 죽음을 조용히 보여주고 있다.

숲속의 그로토

공동묘지에서 밖으로 나와 산책로를 따라 숲속으로 걸어 들어가면 머지않아 두 개의 그로토를 만날 수 있다. 그중 한 곳으로 들어가 간단한 파스타를 주문하고, 테신에서 생산된 지역 포도주 한두 잔을 곁들이면 작품에 등장하는 그로토의 분위기를 조금은 맛볼 수 있다.

참고 문헌

1차 문헌

Friedrich Nietzche, *Richard Wagner in Bayreuth. Unzeitgemäße Betrachtungen. Viertes Stück(1876)*. Reclams Universal-Bibliothek, 2013.

Ders., *Die Geburt der Tragödie. Oder Griechenthum und Pessimismus*. Nachwort von Günter Wohlfart. Reclams Universal-Bibliothek, 1993.

Ders., *Sämtliche Werke. Kritische Studienausgabe in 15 Bde. Also sprach Zarathustra I - IV.(Bd. 4)*. Herausgegeben von Giorgio Colli und Mazzino Montinari. München(DTV), 2014. 14. Auflage.

Ders., *Also sprach Zarathustra*. Mit einem Nachwort von Alfred Baumler. Stuttgart(Alfred Kröner Verlag), 1969.

Richard Wagner, *Alle Opern-Texte*. Wien(Aarachne Verlag), 2000.

Friedrich Schiller, *Sämtliche Werke,* Band II. München(Carl Hanser Verlag), 1985. 7. Auflage.

Hermann Hesse, *Das erzählerische Werk: Band 8. Die Erzählungen 3. 1911-1954*. Suhrkamp Verlag, 2017.

2차 문헌

Dieter Borchmeyer, *Nietzsche, Cosima, Wagner. Porträt einer Freundschaft.* Frankfurt/M. und Leipzig(Insel), 2023. 3. Auflage.

Ders., *Das Tribschener Odyll. Friedrich Nietzsche, Cosima und Richard Wagner.* Eine Textcollage von Dieter Borchmeyer, Frankfurt/M. und Leipzig(Insel), 1998.

Dirk Heißner, *Ludwig II.* Reinbek bei Hamburg(Rowohlt, rororo), 2003.

Joachim Köhler, *Wagners Hitler. Der Prophet und sein Vollstrecker.* München(Karl Blessing Verlag GmbH), 1999.

Oliver Hilmes, *Liszt. Biographie eines Superstars.* München(Siedler Verlag), 2011.

Johannes Lehmann, *Unser armer Schiller. Eine respektlose Annäherung.* Hamburg(Rororo), 2005. 2. Auflage.

Gunnar Decker, *Hermann Hesse. Der Wanderer und sein Schatten.* München(Carl Hanser Verlag), 2012.

국내 문헌

안인희, 《게르만 신화 바그너 히틀러》, 민음사, 2003.
요아힘 C. 페스트, 《히틀러 평전 1》, 안인희 옮김, 푸른숲, 1998.
토마스 만, 《바그너와 우리 시대》, 안인희 옮김, 포노, 2022.
H. F. 페터즈, 《나의 누이여 나의 신부여-루 살로메의 사랑과 생애》 13판, 홍순범 옮김, 문학출판사, 1979.
이보 프렌첼, 《니이체》, 박광자 옮김, 행림출판사, 1979.
빌헬름 바이셰델, 《철학의 뒷계단》, 안인희 옮김, 김영사, 2024.
프리드리히 실러, 《미학 편지》, 안인희 옮김, 휴머니스트, 2012.
헤르만 헤세, 《데미안》, 안인희 옮김, 문학동네, 2013.
헤르만 헤세, 《나르치스와 골드문트》, 안인희 옮김, 문학동네, 2024.

찾아보기

| 들어가는 말 | 008 |

pass #1 　고독한 산책자 니체　　(N)(→)

1.1. 젊은 날의 니체

1.1.1. 니체, 젊은 문헌학계 전체의 우상	021
1.1.2. 통증을 안고 살아간 니체, 그늘 길로 다니다	024
1.1.3. 바그너의 트립셴 하우스, 루체른 호반의 평화와 《니벨룽의 반지》 완성	030
1.1.4. 별들의 우정, 사랑과 희망이 피어나던 시절	040
1.1.5. 몇 가지 일화들	047
1.1.6. 《비극의 탄생》과 참담한 실패	052
1.1.7. 고별의 시간, 독립과 자유를 향하다	060
1.1.8. 정신의 세 가지 변화	071

1.2. '쪽빛 고독' 속에 홀로 선 작품 《차라투스트라는 이렇게 말했다》

1.2.1. 고립의 길	079
1.2.2. 루 살로메, 니체의 짝사랑	085
1.2.3. 니체가 《이 사람을 보라》에서 설명하는 《차라투스트라》	100
*참고: 인간너머(Übermensch)	
1.2.4. 죽어서도 고독한	120

pass #2 　성공의 길, 유혹자 바그너　　(W)(→)

2.1. 소년들을 유혹하다

2.1.1. 유혹자 바그너	129
2.1.2. 바이에른 왕국의 루드비히 2세	134
2.1.3. 20대 시절의 니체	144
2.1.4. 소년 히틀러	148
2.1.5. 소년 토마스 만	160

2.2. 여인들을 유혹하다, 바그너의 영원한 삼각형

2.2.1. 마틸데 베젠동크, 취리히	169
2.2.2. 간통의 오페라〈트리스탄과 이졸데〉	175
2.2.3. 코지마, 절친의 딸이자 제자의 아내	183
* 참고: 리스트의 사랑, '순례의 해들'과 코지마의 탄생 이야기	

pass #3　프리드리히 실러와 스위스 민주주의

3.1. 《빌헬름 텔》, 스위스 독립 이야기

3.1.1. 프리드리히 실러	203
3.1.2. 루체른 호수의 원래 이름 피어발트슈테터 제	204
3.1.3. 신성 로마 제국과 합스부르크 가문	208
3.1.4. 뤼틀리 민회의 맹약과 총궐기	216
3.1.5. 전설의 영웅, 명사수 빌헬름 텔	224
3.1.6. 세 고을의 총궐기, 귀족과 민중이 합심하다	230
3.1.7. 스위스 민주주의	236

3.2. 프리드리히 실러

3.2.1. 역사가-극작가 실러	241
3.2.2. 《빌헬름 텔》, 바이마르에서 작업하다	243
3.2.3. 고난과 환희로 가득한 삶, 간추린 생애	245
3.2.4. 세 번의 장례식과 바이마르의 빈 무덤	258
3.2.5. 루체른 호수의 실러 기념비	271

3.3. 옛날 스위스 용병들의 길

3.3.1. 스위스 용병	275
3.3.2. 스위스 용병은 언제 시작되었나?	278
3.3.3. 교황청 화가 라파엘로가 그린 교황의 스위스 근위대	282
3.3.4. 루체른의 '빈사의 사자상'	285

pass #4 생의 한가운데서, 좌절을 딛고 일어서는 헤세

4.1. 두 번의 위기, 두 번의 도주

4.1.1. 떠돌이 헤르만 헤세	291
4.1.2. 격렬한 사춘기, 부모의 세계에서 도주	293
4.1.3. 두 번째 위기, 삶의 한가운데서 다시 출발	306

4.2. 《클링조어의 마지막 여름》

4.2.1. 화가 클링조어	319
4.2.2. 술친구 이태백과 두보	322
4.2.3. 젊은 여성을 향한 동경, 중년 남성의 위기	327
4.2.4. 자화상, 언어로 그린 그림	332
4.2.5. 화가 클링조어를 거쳐 조각가 골드문트로	334

4.3. 산 살바토레산의 푸니쿨라와 몬타뇰라 걷기

4.3.1. 북부에서 남부로	339
4.3.2. 푸니쿨라를 타고 산 살바토레산으로	341
4.3.3. 몬타뇰라 걷기	343

참고 문헌	346

읽는 여행, 스위스

1판 1쇄 발행일 2025년 11월 17일

지은이 안인희

발행인 김학원
발행처 (주)휴머니스트출판그룹
출판등록 제313-2007-000007호(2007년 1월 5일)
주소 (03991) 서울시 마포구 동교로23길 76(연남동)
전화 02-335-4422 **팩스** 02-334-3427
저자·독자 서비스 humanist@humanistbooks.com
홈페이지 www.humanistbooks.com
유튜브 youtube.com/user/humanistma
페이스북 facebook.com/hmcv2001
인스타그램 @humanist_insta

편집주간 황서현 **편집** 이성근 김대일 **디자인** 차민지
조판 아틀리에 용지 화인페이퍼 **인쇄·제본** 정민문화사

ⓒ 안인희, 2025

ISBN 979-11-7087-388-4 03920

- 이 책은 저작권법에 따라 보호받는 저작물이므로 무단 전재와 무단 복제를 금합니다.
- 이 책의 전부 또는 일부를 이용하려면 반드시 저자와 (주)휴머니스트출판그룹의 동의를 받아야 합니다.